国家级职业教育规划教材
人力资源和社会保障部职业能力建设司推荐
高等职业技术院校文秘专业任务驱动型教材

会议组织与管理

HuiYi ZuZhi Yu GuanLi

主　编　吴良勤
陈建国
副主编　雷　鸣
余红平
杨　晶

中国劳动社会保障出版社

图书在版编目(CIP)数据

会议组织与管理/吴良勤，陈建国主编. 一北京：中国劳动社会保障出版社，2010
高等职业技术院校文秘专业任务驱动型教材
ISBN 978-7-5045-8792-3

Ⅰ.①会… Ⅱ.①吴…②陈… Ⅲ.①会议-组织管理学-高等学校：技术学校-教材
Ⅳ.①C931.47

中国版本图书馆 CIP 数据核字(2010)第 261414 号

中国劳动社会保障出版社出版发行

（北京市惠新东街 1 号 邮政编码：100029）

出 版 人：张梦欣

*

北京谊兴印刷有限公司印刷装订 新华书店经销

787 毫米×1092 毫米 16 开本 8.25 印张 189 千字

2011 年 1 月第 1 版 2017 年 12 月第 9 次印刷

定价：15.00 元

读者服务部电话：（010）64929211/64921644/84626437

营销部电话：（010）64961894

出版社网址：http//www.class.com.cn

前　言

为了满足高等职业技术院校文秘专业教学改革的需要，人力资源和社会保障部教材办公室组织一批教学经验丰富、实践能力强的教师与行业、企业的专家，在充分调研、讨论专业设置和课程教学方案的基础上，编写了国内首套任务驱动型的高等职业技术院校文秘专业教材：《秘书写作》《秘书实务》《秘书礼仪》《文书与档案管理》《办公自动化实务》《办公室事务管理》《会议组织与管理》《秘书心理学及应用》等。

这套教材具有以下几个方面的特点：

第一，根据企业秘书的工作实际，以《国家职业标准·秘书》中对于办文、办事、办会等秘书基本工作的相关要求为核心，合理选择教学内容，并设计和确定典型的工作项目，其目的是通过这些项目的教学，使学生掌握相关的理论知识和操作技能，以满足企业的实际需要和便于学校“双证书”制度的贯彻与落实。

第二，吸纳全国高等职业技术院校的教改成果，按照“学以致用”的原则，将与秘书实际工作有关的文件写作、文书处理、办公室事务处理、会议组织、办公自动化等理论知识和技能恰当安排到各个工作项目中，并采用任务驱动的编写思路，设计教学过程，不但有利于激发学生的学习积极性，更有利于学生学习成就感的形成。

第三，在教材的表现形式上，采用“以图代文、以表代文”的表现形式，增强教材的形象性，降低了学习难度，有利于激发学生的学习兴趣。

在本套教材的编写过程中，得到有关省市教育部门、人力资源和社会保障部门以及一批高等职业技术院校的大力支持，教材的主编、参编、主审等有关人员做了大量的工作，在此，我们表示衷心的感谢！同时，恳切希望广大读者对教材提出宝贵的意见和建议，以便修订时加以完善。

人力资源和社会保障部教材办公室

2010年10月

简　介

本书为人力资源和社会保障部职业能力建设司推荐的国家级职业教育规划教材。

本书分为五个模块，包括会议筹备工作、会议服务工作、会议收尾工作、其他类型会议的组织与管理以及综合实训等内容。本书采用任务驱动教学法的编写思路，均以完成项目任务为目标，增强了教学的针对性和应用性。为了体现教材特色，思考与练习、实训等课目还与国家秘书职业资格证书考试相结合，以便于学生考证前复习。

本书既可作为高等职业技术院校文秘专业会议组织与管理课程的配套使用教材，也可作为企事业单位在职秘书的培训教材，还可作为秘书职业资格证书考试的参考用书。

本书由吴良勤、陈建国任主编，雷鸣、余红平、杨晶任副主编，段赟、肖颖超、沈卫参与编写。黄月琼、史振洪任主审。

目　录

前导知识——会议基础

一、会议的概念

对于会议的概念，现代汉语词典中有两种解释。一是指“有组织有领导地商议事情的集会”，如工作会议、厂务会议等。二是“一种经常商讨并处理重要事务的常设机构或组织”，如中国人民政治协商会议、部长会议等。

本书讲的会议是指企事业单位、社会团体等有组织、有目的地召集工作人员商议事情、沟通信息、表达意愿、部署工作、联络感情的集会。

二、会议的构成要素

会议的构成要素即会议的组成要素。任何会议都由一定的要素构成，缺少某些必备的要素，会议就无法召开。会议的构成要素一般有形式要素、内容要素、程序要素、财务要素等。

形式要素，又称会议的基本要素和必备要素，主要包括会议的名称、时间、地点、与会人员、会议方式等。

内容要素主要包括会议的指导思想、议题、目的、任务、作用等。

程序要素主要包括会议准备、会议开始、会议进行、会议结束、会议决定的贯彻落实等。

财务要素主要指会议经费、会议设备、会议服务设施等。

当然，并不是说所有的会议都必须具备上述会议要素，不同的会议，由于会议主题、形式、时间、地点等因素不同，所需要的会议要素也有所不同，但是，会议的形式要素是所有会议必须具备的。

三、会议的分类

根据不同的标准，会议可以划分为不同的类型。

1. 按照举办单位划分的会议类型

通常按照举办单位的性质不同，可将会议分为三大类，分别为公司类会议、协会类会议和机关、事业单位（协会之外）及其他组织会议。

（1）公司类会议。公司类会议通常以管理、协调和技术等为主题，具体可分为经理例会、部门员工例会、销售会议、经销商会议、技术会议、公司年会、新产品发布会以及股东会和董事会等。

（2）协会类会议。协会可以划分为行业协会、专业和科学协会、教育协会和技术协会等类型，规模有地区性组织、省市级协会，全国性协会，国际性协会等。由协会牵头主办的会议称为协会类会议。

(3) 机关、事业单位及其他组织的会议。如各级人民代表大会、政治协商会议，各级党、政、军机关举办的会议，以及工、青、妇等人民团体组织的会议等。

2. 按照会议的性质和内容划分的会议类型

(1) 年会。年会是就某一特定主题展开讨论的聚会，议题涉及政治、经贸、科学、教育或者技术等领域。

(2) 专业会议。专业会议的议题通常是具体问题并就其展开讨论，可以召开分组小会，也可以只开大会。

(3) 论坛。论坛由专人来主持，有许多听众参与，并可由专门小组成员与听众就问题的各方面发表意见和看法。

(4) 研讨会。研讨会通常有许多出席者参与活动，出席者有平等交换意见的机会，知识和经验被大家分享。研讨会通常是在讨论主持人的主持下进行的。

(5) 培训性会议。培训会议需要特定的场所，培训内容高度集中，由某个领域的专业培训人员进行教授。

3. 根据会议规模进行划分的会议类型

根据会议的规模即参加会议人数的多少，可将会议分为小型会议、中型会议、大型会议及特大型会议。

(1) 小型会议。出席人数在 100 人以下。

(2) 中型会议。出席人数在 100～1 000 人之间。

(3) 大型会议。人数在 1 000～10 000 人之间。

(4) 特大型会议。人数在 10 000 人以上，例如节日聚会、庆祝大会等。

4. 按照会议活动特征划分的会议类型

(1) 商务型会议。一些公司、企业因其业务和管理工作发展的需要在饭店召开的商务会议。

(2) 度假型会议。公司等组织利用周末假期组织员工边度假休闲，边参加会议，这样既能增强员工之间的了解，以及企业自身的凝聚力，又能解决企业所面临的问题。

(3) 展销会议。展销会是为了展示产品和技术、拓展渠道、促进销售、传播品牌而进行的一种宣传活动。

(4) 文化交流会议。各种民间和政府组织组成的跨区域性的文化学习交流活动，常以考察、交流等形式出现。

(5) 专业学术会议。这类会议是某一领域具有一定专业技术的专家学者参加的会议，如专题研究会、学术报告会、专家评审会等。

(6) 政治性会议。国际政治组织、国家和地方政府为某一政治议题召开的各种会议。会议可根据其内容采用大会和分组讨论等形式。

5. 按照开会的方式方法划分的会议类型

按照开会的方式方法可以分为常规性会议、广播会议、电话会议、电视会议和网络会议等。

四、会议的作用

会议是企业在社会活动中形成的一种互动方式。随着社会不断发展和信息流量的迅速增加，会议形式越来越受到人们的重视。当今，会议已成为各级领导机关、企事业单位重要的工作方法之一。其主要作用可概括为以下四个方面：

1. 加强企业之间的信息交流，情报互通

任何会议都是某种信息的输入、传递、输出的过程。通过会议可以上传下达，联络左右，互通情况，交流经验，发挥信息沟通的作用。较之其他沟通形式，会议沟通具有直接、快速和形象的优势。

2. 充分发扬民主，为领导进行科学决策提供依据

会议是广开言路、集思广益的重要渠道，通过会议进行决策，是实现决策科学化、民主化的有效手段。

3. 有助于加强组织领导，推动工作的进一步发展

通过会议，可以传达上级的政策和指令，可以部署本组织的中心工作和重大行动，可以责成所属单位统一行动步调，可以解决工作进行中的某些问题。因此，会议能起到行政手段的作用。

4. 协调工作中的矛盾和冲突

运用座谈、对话、协商等会议形式往往会收到事半功倍的良好的协调效果。

五、会议的工作流程

一般会议的工作流程包括会前筹备、会中服务、会后收尾三个阶段。

1. 会前筹备阶段

会前筹备主要包括拟订会议的议题、确定会议名称、选择布置会议场所、拟订会议议程和日程、确定与会者名单和制发会议通知、安排会议食宿、准备会议资料与用具、会议经费预算、会场布置及会场布局、检查设备等工作。

2. 会中服务阶段

会中服务包括接站工作、报到与签到工作、会议记录、收集会议信息、搞好对外宣传、编制会议简报、传接电话、送饮料、做好会议的值班工作与保密工作、医疗卫生服务、照相服务等工作。

3. 会后收尾阶段

会后收尾包括安排车辆、引导与会人员安全有序地离开会场、清理会场、交还与会代表物品、整理会议室、归还会场用品、撰写会议纪要、做好会议总结与评估、整理会议文件、会议经费结算、送感谢信等工作。

模块一

会议筹备工作

任务1 确定会议名称、拟订会议议题

学习目标

- 了解会议名称、议题的基本概念
- 掌握确定会议名称的方法和拟订会议议题的原则
- 能够针对不同工作背景拟订会议议题和会议名称

任务导入

华荣公司是一家生产和经营环保设备的公司。公司连续两年超额完成生产、销售任务。经公司部门经理工作例会研究，为了答谢广大客户对公司的支持，公司决定12月12日至15日召开2010年度客户联谊会暨2011年产品订货会，以听取客户对公司产品的意见和建议，确定2011年产品订购情况。

2010年9月6日下午，华荣公司总经理办公室秘书张俪将客户联谊会会议议题申报表分发给公司各部门经理，请各部门经理在9月13日之前提交给总经理办公室，以便于会议议题的集中与确定。

假定你是公司总经理办公室秘书，请你根据实际情况草拟会议议题、确定会议名称交给华荣公司总经理审核。

任务分析

拟订会议议题，首先要弄清楚会议议题来源；其次要注意议题确定的基本原则；最后，秘书要搞清楚议题安排原则。秘书自己汇总的会议议题，必须经主管领导审核同意后，才能最终确定下发。

相关知识

一、确定会议名称

1. 会议名称

会议名称是向外部提供关于会议基本信息的引领性标题，会议名称要能够概括表现会议

的内容、性质、参加对象、单位以及时间、届次、规模等信息。

2. 确定会议名称的方法

（1）由单位和会议内容两个要素构成。如“××公司第二次职工代表大会”，其中“××公司”即组织名称，也可称单位；“第二次职工代表大会”即会议内容。

（2）由单位、时间和会议内容构成。如“××公司2010年度总结表彰大会”。在这个会议名称中，体现了单位（××公司），时间（2010年度）以及会议内容（总结表彰大会）三个方面的信息。

（3）由单位、时间、会议内容和会议类型构成。如“××公司2011年产品销售定价听证会”。

3. 确定会议名称的注意事项

（1）会议名称要用确切、规范的文字表达。

（2）会议名称应与会议的内容相符，使人一目了然地了解会议所涉及的学科领域。有些会议为了能够吸引更多交叉学科和相关学科的人员参加，会议名称涵盖的学科范围可以适当放宽一些。

（3）一般企业会议不允许冠以“中国”或“中华”等称谓的会议名称。

二、拟订会议议题

1. 什么是会议议题

会议议题是开会的前提，是会议所要讨论、报告的主要内容。会议开始之前要明确会议的议题，并且要将议题及时通知参加会议的人员，使与会者获得知情权；也便于参加会议和筹备会议的人员做好相应的准备工作。

2. 会议议题的来源

会议的议题主要有三个来源，一是上级机关和领导根据需要而提出的议题，二是下级部门提交的需要会议研究和决定的问题，三是秘书向有关部门收集到的本公司在管理活动中需要研究和决定的事项。

3. 会议议题确定的基本原则

科学合理地确定议题，是保证会议质量的重要因素之一。确定会议议题时应该遵循必需、清晰、有限和相近的基本原则。

（1）必需原则。必需是指公司所拟订的议题有无在会议上讨论研究的必要。确定会议议题是否必要首先注意的是议题的价值。议题价值就是指该议题在公司实际工作中所处的地位和作用。一般而言，凡属影响到全局工作的议题，都是有价值的议题，都可以列入公司会议讨论。而那些只对局部工作产生影响或本应由基层部门乃至个人分工负责解决的议题，对会议来说都应属于无价值或价值不大的议题，不应列入会议讨论。

其次是注意有无解决的可行性。即议题中所涉及的需要解决的问题，背景情况如何，本公司是否具备解决的条件。如果把背景不清，解决条件不成熟的议题提交会议讨论，将会出现“议而难决，决而难行”的情况。所以在确定会议议题时，对已提交的议题，要从调查研究的情况、解决问题的条件等诸方面进行审核，去掉那些情况还不明、解决条件还不具备的议题。

（2）清晰原则。清晰主要是指要求会议讨论研究的议题的主旨一定要清晰，绝不能含糊不清，使人摸不着头脑。清晰的议题是形成明确决议的前提条件之一。例如，某单位行政办公会议拟讨论下属部门提交的“关于请求解决经费”的议题。这个议题显然是违反明确性原则的，因为申请的经费用于什么，从什么渠道解决，经费数额及下限是多少，这些问题都不明确，会议便难以作出决议。清晰是会议议题的灵魂，清晰的议题对于提高会议效率，保证会议质量，是十分重要的。

（3）有限原则。有限是指一次会议议题的数量必须是有一定限度的。某些会议组织者在确定议题时常常列上许多项议题，这样会导致每个问题都议而不透，走过场，还会使会期冗长，参会者精力不集中，不能或不愿表决。据心理学家测定，成年人能集中精力的平均时间为45～60分钟，超过45分钟，人就容易精神分散；超过90分钟，普遍感到疲倦。因此，每次会议时间最好不超过一小时，如果需要更长时间，应该安排中间休息。

因此必须根据会议时间的长短对议题数量进行严格控制。一般来说，一次会议的议题越少越好，要保证大事、要事、急事先议，并有充足的时间议透、议深、议出结果。

（4）相近原则。相近是指会议议题之间的内在联系，尽量将那些内容相近，相互联系密切的议题放在一次会议上讨论。不要在一次会议上同时安排几个风马牛不相及的议题。免得与会者的大脑思维难以转变，影响深入讨论的效果。同时，这样做也有助于减少参会人员，有利于相关部门的共同协商和议题内容的保密。

会议议题应该从实际出发，以保证会议质量，提高会议效率为宗旨。如遇几个议题，应按其重要程度排列，最重要的排列在最前面。尽量保证在最佳时间开会。将全体会议安排在上午，分组讨论安排在下午，晚上则安排一些文娱活动。

任务实施

一、确定会议名称

1. 确定会议主题及类型

根据经理办公会的讨论，华荣公司此次会议的主题是和新老客户联谊，听取客户的意见和建议，并安排次年产品的预订，因此，此次会议的类型应该定为“客户联谊会”和“产品订货会”。

2. 初拟会议名称

秘书综合分析会议的主题、内容等因素，初步拟订会议名称为“华荣公司2010年度客户联谊会暨2011年产品订货会”。

3. 报请主管领导审定

秘书将拟订的会议名称报请主管领导审定，最后确定会议名称为“华荣公司2010年度客户联谊会暨2011年产品订货会”。

二、拟订会议议题

1. 发放议题申请表

销售公司年会属于外向型的会议，会议议题的确定应由秘书向相应的人员收集整理后确定。为了更好地了解各分公司以及各部门在年会上准备讨论的议题，秘书应向各分公司、部门收集会议议题，可先设计出“华荣公司会议议题申请表”（式样见表1—1—1），分发给各分公司或部门，让其填写。

表 1—1—1　　华荣公司会议议题申报表　　年　月　日

议题				
部门			汇报时间（分钟）	
汇报人		职务		
议题要点				
处理建议				
领导批示				

华荣公司总经理办公室制

2. 收回议题申请表

秘书在拟订会议议题之前，必须将发出的议题申报表收回。2010 年 9 月 10 日秘书收回来自生产部、市场与产品研发部反馈的两张议题申请表（见表 1—1—2、表 1—1—3）。

表 1—1—2　　华荣公司会议议题申报表（生产部）

议题	华荣公司环保产品生产概况			
部门	生产部		汇报时间（分钟）	20
汇报人	刘正	职务	生产部经理	
议题要点	生产工艺及流程 华荣的盈亏平衡点 我国对于环保产品生产的相关政策 环保产品在中国的未来发展情况 国内环保产品生产设备情况介绍			
处理建议				
领导批示	同意生产部议题申请，请办公室办理 吴良荣 2010 年 9 月 9 日			

华荣公司总经理办公室制

表 1—1—3　　华荣公司会议议题申报表（市场与研发部）

议题	国内、国际环保产品情况分析			
部门	市场与产品研发部		汇报时间（分钟）	30
汇报人	李海勇	职务	市场与产品研发部经理	
议题要点	2011 年环保产品走势分析 2011 年中国环保设备形势展望 国外环保产品形势分析			
处理建议				
领导批示	同意市场与产品研发部议题申请，请办公室办理 吴良荣 2010 年 9 月 9 日			

华荣公司总经理办公室制

3. 根据议题申请表确定议题

（1）秘书拟订会议议题初稿。秘书收回议题申报表后，根据申报内容以及领导批示意见，对申报议题进行整理，拟订出会议议题初稿，初稿提纲如下。

华荣公司 2010 年客户联谊会议题（初稿提纲）

一、华荣公司环保产品生产报告

1. 生产工艺及流程

2. 华荣的盈亏平衡点

3. 我国对于环保产品生产的相关政策

4. 环保产品在中国的未来发展情况

二、国内环保产品生产设备情况介绍

三、2011 年环保产品走势分析

1. 全球环保产品的产量

2. 全球环保产品的消费量

3. 全球环保产品供需基本面

4. 如何分析环保产品的走势

5. 2011 年环保产品价格预测

四、2011 年中国环保设备形势展望

1. 2010 年环保产品市场的回顾

2. 近几年中国环保产品的进出口形势分析

3. 2011 年中国环保产品市场的特点

4. 中国环保产品市场的走势分析

5. 2011 年经销商操作应注意的问题

五、国外环保产品形势分析

1. 国外环保产品开发及应用情况

2. 国外主要环保产品生产线及生产厂家的情况

3. 国外主要销售模式

4. 国外环保产品的优势及我们可借鉴的先进经验

六、2011 年环保产品洽谈、预定

（2）主管领导审定并修改会议议题。秘书将拟订好的会议议题送交主管领导审定，并根据领导审定意见进行修改。华荣公司主管领导审定并修改意见如下：

华荣公司 2010 年客户联谊会议题（初稿提纲）

会议名称应用全称

一、华荣公司环保产品生产报告

1. 生产工艺及流程

2. 华荣的盈亏平衡点

3. 我国对于环保产品生产的相关政策

4. 环保产品在中国的未来发展情况

~~二、国内环保产品生产设备情况介绍~~

三、2011 年环保产品走势分析

~~1. 全球环保产品的产量~~

~~2. 全球环保产品的消费量~~

3. 全球环保产品供需基本面（情况分析）

4. 如何分析环保产品的走势

5. 2011 年环保产品价格预测

四、2011 年中国环保设备形势展望

1. 2010 年环保产品市场的回顾

2. 近几年中国环保产品的进出口形势分析

3. 2011 年中国环保产品市场的特点

4. 中国环保产品市场的走势分析

~~5. 2011 年经销商操作应注意的问题~~

将第五点和第三点合为一点

五、国外环保产品形势分析

1. 国外环保产品开发及应用情况

2. 国外主要环保产品生产线及生产厂家的情况

3. 国外主要销售模式

4. 国外环保产品的优势及我们可借鉴的先进经验

六、2011 年环保产品洽谈、~~预定~~

预订

（3）根据修改意见确定最终会议议题。秘书根据主管领导的修改意见，对会议议题进行了修改。修改稿提纲如下。

华荣公司 2010 年客户联谊会暨 2011 年产品订货会议题（提纲）

一、华荣公司环保产品生产报告

1. 生产工艺及流程
2. 华荣的盈亏平衡点
3. 我国对于环保产品生产的相关政策
4. 环保产品在中国的未来发展情况

二、2011 年国外环保产品形势分析

1. 国外环保产品开发及应用情况
2. 国外主要环保产品生产线及生产厂家的情况
3. 全球环保产品供需基本情况
4. 国外环保产品的走势分析
5. 2011 年环保产品价格预测
6. 国外环保产品的优势及我们可借鉴的先进经验

三、2011 年中国环保设备形势展望

1. 2010 年环保产品市场的回顾
2. 近几年中国环保产品的进出口形势分析
3. 2011 年中国环保产品市场的特点
4. 中国环保产品市场的走势分析
5. 2011 年经销商操作应注意的问题

四、2011 年环保产品洽谈、预订

修改完成后，秘书应该将修改好的会议议题再次由主管领导审定。主管领导审定后，将会议议题发给各部门，并要求各有关部门准备相应的会议材料。

练习与实训

一、思考与练习

1. 不定项选择题

(1) 确定会议议题时应该遵循（　　）、清晰、有限和相近的基本原则。

A. 必须　　B. 必需　　C. 必备　　D. 必要

(2) 下列会议名称规范的是（　　）。

A. 关于召开客户联谊会的决定

B. 苏宁电器有限公司 2010 年员工表彰大会

C. 表彰大会

D. 苏宁电器关于表彰 2010 年优秀员工的决定大会

2. 问答题

(1) 什么是会议？会议的组成要素有哪些？

(2) 确定会议名称的步骤有哪些？

(3) 拟订会议议题的步骤有哪些？

二、实训

确定会议名称、拟订会议议题

(1) 实训目标。通过实训，要求学生掌握确定会议名称、拟订会议议题的方法。

（2）实训背景。某职业技术学院在某次校长办公会会前，秘书接到以下一些议题：讨论学校基建项目问题，讨论自创基金的分配问题，讨论科研经费的使用，讨论思想政治问题，讨论教师队伍建设问题。

（3）实训内容。假定你是该校办公室秘书，请根据实训背景，制定本次会议的会议名称和会议议题，要求格式正确、规范，要素齐全。

任务 2　会议筹备小组分工

学习目标

- 了解一般会议筹备小组的组成情况
- 掌握会议筹备小组各分组的工作职责
- 能够根据不同会议类型以及会议规模有效地进行会议筹备的分工

任务引入

华荣公司 2010 年度客户联谊会暨 2011 年产品订货会正在紧张的筹备之中。会议议题和会议名称已经由总经理审定后正式确定。总经理交给秘书张倆一个任务：成立会议筹备小组，统一协调整个会议工作。

假定你是公司总经理办公室秘书，请你根据实际情况将会议筹备小组成员名单交给总经理审核。

任务分析

成立会议筹备小组首先要确定需要哪些部门，其次每个部门应该有哪些成员参与，最后确定每个部门每个成员的职责。秘书确定会议筹备小组部门和成员后，必须经主管领导审核同意后，才能最终确定。

一个会议通常牵涉到公司的各个部门，一般来说，公司或组织的高层及分管的领导会在筹备小组中担任一定的职务。在整个活动中，相关部门人员的工作可能在时间上会与其日常工作相冲突，所以说，在分组安排过程中，赢得各个部门的理解和支持很重要。

相关知识

一、成立会议筹备小组的重要性

一次成功的会议，从筹划开始，到具体操作并落实每一个细节，牵涉到方方面面，各项工作相互连接，相互联系，彼此交叉，必须统筹安排，多管齐下，同时进行，仅凭一己之力是很难胜任的，所以一般都须要任务分解、人员分工，成立会议筹备小组，并使各小组相互协作，共同完成筹备工作。

二、成立会议筹备小组的原则

一是“对口原则”。即专业的人做专业的事。比如，与经销商的沟通，市场销售部门是对口部门。与专家、官员沟通一般须由公关部门负责人、企业高层领导出面，不另设组。与新闻界的沟通，报道资料的准备，也不另设组，因为这些都是公关部门人员的特长。

二是“平均原则”。因事设组，每个组的工作量应相对平衡。

三是“明确原则”。分工应该明确，职责分明，以防止发生互相推诿的现象，另外，隶属分工和横向协作都要明确；尽管是临时性组织，但一经纳入组织机构人员就应受规章制度的约束。

四是“精干原则”。一般人员不要太多，精干、高效为要。

任务实施

华荣公司秘书根据筹备小组设置和分工情况，把召开客户联谊会暨产品订货会筹备小组作出分工（见以下样式）。

华荣公司2010年度客户联谊会暨2011年产品订货会筹备小组名单

一、会议筹备领导小组

组长：吴宝华

组员：吴良荣、王琴红、李海勇、刘正

主要职责：

1. 负责会议的组织与领导；
2. 协调各小组之间的工作；
3. 审核会议的筹备方案。

二、会务组

组长：马建立

成员：郭峰先、程洪娟、李洁、杨文芳、朱海亭、巴旭东、赵涛

主要职责：

1. 负责拟订会议方案，拟订会议预算和会议经费报批；
2. 联系大会会场和代表住宿地；
3. 布置会场；
4. 制作各种证件；
5. 订购会议所需用品；
6. 做好各种联系协调工作。

三、材料与宣传组

组长：马建立

成员：马敬全、王学军、叶万彬、赵菁、井红清、赵栋

主要职责：

1. 负责起草工作报告、领导讲话、各种文件和出简报工作；
2. 负责会议期间工作的总结、宣传等工作；
3. 负责会议期间和新闻媒体联系，及时组织新闻报道。

四、接待组

组长：华旦扎西

成员：韩萍、杜建春、刘成忠、延玲、安国亮

主要职责：

1. 会前和嘉宾、与会者联系，落实到会的方式和时间；

2. 拟订接待方案，安排接待人员，并对接待人员进行分工、培训；

3. 做好各项接待工作。

五、活动组

组长：马金彪

成员：安红兵、李文英、孙君民、崔蓝云、孙磊

主要职责：

负责会议期间各种活动的设计、策划和组织实施等工作。

六、后勤与保卫组

组长：陈东昌

成员：李琳、李越涛、蒲晓波、马斌

主要职责：

负责会议期间后勤服务、医疗救护、安全保卫工作。

各小组按上述主要职责对全组的工作任务进一步分解，明确到人、责任到人，切实做好筹备工作。若遇到重大事项和事件，请及时向组长和领导小组汇报。

练习与实训

一、思考与练习

1. 不定项选择题

(1) 会议筹备小组中的会务组主要负责（　　）等工作。

A. 会议经费预算　　B. 联系会场　　C. 制作证件　　D. 采购会议用品

(2) 会议筹备小组中的后勤与保卫组主要负责（　　）等工作。

A. 后勤服务　　B. 医疗救助　　C. 文件撰写　　D. 安全保卫

2. 问答题

(1) 会议筹备小组分工的原则有哪些？

(2) 一般商务型会议，筹备小组可以分成哪几组？

二、实训

进行会议筹备小组分工

(1) 实训目标。通过实训，要求学生掌握会议筹备小组分工方法。

(2) 实训背景。某职业技术学院新闻传播系拟在7月10日上午9：00，在南京钟山宾馆召开中国××秘书学会××学院新闻传播系分会的成立大会。该系将邀请全国各地职业院校文秘专业负责人参加会议。

(3) 实训内容。假定你是该系办公室秘书，请根据实训背景，设计并制作一份会议筹备小组分工名单，要求符合成立会议筹备小组的原则，名单明确。

任务3　拟订会议议程和日程

学习目标

- 了解会议议程和日程的概念、主要内容
- 掌握编制会议议程和日程的方法
- 能够正确地根据会议的实际情况拟订会议议程和日程

任务引入

华荣公司客户联谊会的准备工作正在进行中，秘书张俪接受总经理的委派，要根据会议议题拟订会议议程和日程。

假定你是公司总经理办公室秘书，请你根据实际情况草拟一份会议议程和日程交给吴总经理审核。

任务分析

拟订会议议程，首先要弄清会议各项议题的具体内容；其次是弄清议题的顺序和内在联系；然后注意会议议程的格式和要素，做到格式规范，会议日程的内容一目了然；最后，要搞清楚秘书的职责权限，自己草拟的会议议程必须经主管领导审核同意后才能发出。

相关知识

一、拟订会议议程

1. 会议议程的含义

会议议程是为完成议题而做出的顺序计划，即会议各项议题按照一定的原则和顺序编排起来并以文书的形式确定下来的大致安排。会议主持人要根据议程主持会议。议程所涵盖的除了足以实现会议目的的各种议案之外，尚包括与会者姓名、会议时间以及会议地点等项目。

拟订会议议程是秘书的任务，通常由秘书拟写议程草稿，交领导批准后，复印分发给所有与会者。会议议程是会议具体的概略安排。大中型会议的议程一般安排如下：开幕式；领导和来宾致辞；领导作报告；分组讨论；大会发言；参观或其他活动；会议总结，宣读决议；闭幕式。

2. 拟订会议议程的原则

秘书在编排会议议程的时候，应遵守以下两个原则：

（1）缓急轻重的原则。即越紧要的事项越应排在会议议程的前端处理，越不紧要的事项越应排在议程的后端处理。这样做的一个好处便是，即使在预定的会议时间内无法将全部议案处理完毕，但起码较紧要的议案已处理了。那些较不紧要的议案，可另择时间处理，或是并入下次会议中再予解决。

（2）明确时间原则。即每一个议案应预估所需的处理时间并明确地标示出来。这样做，可以节省与会者等候的时间使其能够根据会议议程提前或推迟准备、安排。

3. 会议议程的结构和写法

会议议程由标题、题注、正文、落款和制定日期等五个部分组成。

（1）标题。标题由会议全称加上议程二字组成，如“华荣公司 2011 年年终表彰大会议程”。

（2）题注。法定性会议应当在标题的下方说明会议通过的日期、会议名称。如在“全国政协十届三次会议议程”下方注明“2005 年 3 月 3 日政协第十次全国委员会第三次会议通过”。一般企业或者单位会议议程可以没有题注。

（3）正文。简要说明每次议题和活动的顺序，并冠以序号，将其清晰地表达出来。

（4）落款。由会议组织机构确定的议程应当标明制定机构的名称，如“秘书处”。由会议通过的议程不用标写落款。

（5）制定日期。无须大会通过的议程要标明制定的具体日期。

4. 拟订会议议程的注意事项

（1）提前向与会者简明介绍会议的目的，并要求他们做一些准备工作，如抽样调查员工意见，汇集统计数字，或收集背景资料。

（2）对将要讨论的问题要求及早思考。如果时间允许，把参加会议者的建议合并到暂定议程里，提前分发，以征求补充意见。

（3）把议程的话题限制在同一个主题范围内，这样有助于会议的从容进行。同时应使必须参加企业会议的人数减到最少。假如议程中有不同主题，可以分别安排为两个小会进行。假如这些主题之间没有关系，要力求少安排一些话题。设法将议程话题限制为一个主要的讨论项目，辅之以不需大量准备的次要项目。

（4）应向与会者提前分发每一项议程话题的附件，以节省开会时间。这样就可以确定每一项拿到会上讨论的话题在会前都已向与会者简明介绍。

（5）在议程上要表明会议开多长时间。对那些非常有争议的、极为复杂的或小组完全不熟悉的话题，要安排充分的时间。与会者注意力的持续时间是有限度的，假如会议必须开到两小时以上，应安排中间休息时间。假如可能，要留出会后交谈和娱乐的时间。

二、拟订会议日程

会议日程是指会议在一定时间内的具体安排，如有说明可附于日程之后，一般情况下于会前发给与会者。

1. 会议日程的格式

会议日程多以表格形式出现，会议日程的要素包括时间、地点、内容、参加人、负责人等栏目。将会议时间分别固定在每天上午、下午、晚上三个单元里，使人一目了然，如有说明可附于表后。

2. 会议日程编排的原则

编排会议日程要遵循两个原则：一是要精简、高效、科学、合理；二是要张弛有度，劳逸结合，符合人体的生理和心理规律。

三、会议日期的选择原则

会议日期非常重要，客房价格的商定以及会议室的选择都会受到会议日期的影响。例如酒店在周末时会提供更为优惠的价格，如果会议团体的到达和离开选择在周末，整体价格会更加优惠。酒店就可以有更多的房型供你挑选，会议花费也就可以随之降低。

第一，不要让会议与一些重大会议日期冲突，这样既可以保证大多数人能够出席，又可以吸引更多人的关注。

第二，避开节假日。不要让公司的会议与任何长假或节日的时间相冲突。如春节、“五一”“十一”黄金周、中秋节等，这些日子是家庭团聚、休假的日子。如果会议是在另外一个国家举办，那么不但要考虑国际假日，还得考虑当地节日对会议的影响。如在马来西亚有一种节日叫做“哈里节”，是用来庆祝禁食及禁酒月的结束，是穆斯林的一个特殊的节日。这个节日为期两天，是该国的法定假日，很多商家在这两天时间里都会暂停营业。

第三，考虑其他因素。例如，如果公司邀请客人带孩子一起来参加会议，那么会议最好不要放在第二天有课的晚上，否则客人们也不会久留，因为父母和孩子第二天都要早起上班上学。一般将会议时间推迟到周末会是个更理想的选择。

季节性因素也是在选择会议日期时应该考虑的。例如，新车发布会传统来讲都在秋季举行，汽车经销商希望在这个时候与厂家碰碰面，看看新产品。汽车公司应该确保公司发布新车的时间与经销商拿到新车的时间之间不会间隔太长。这种做法不仅适用于推销产品，也可用于宣传落实各种政策和程序。

任务实施

一、拟订会议议程

1. 确定华荣公司本次会议各项议题的具体内容

根据会议议题，秘书列出了会议的主要内容：

（1）华荣公司环保产品生产报告。

（2）2011 年国外环保产品形势分析。

（3）2011 年中国环保设备形势展望。

（4）2011 年环保产品洽谈、预订。

除了上述内容外，公司总经理将代表公司致欢迎词，还有特邀嘉宾市环保局副局长讲话，客户代表发言等。

2. 将会议各项议题按照轻重缓急进行排序

秘书根据华荣公司以前会议的一贯做法和会议内容的重要性，将会议内容进行了重新排序。重新排序后的会议内容如下：

（1）公司吴总经理致辞。

（2）特邀嘉宾——市环保局副局长讲话。

（3）客户代表发言。

（4）华荣公司环保产品生产报告。

（5）2011 年国内外环保产品形势分析报告。

（6）2011 年环保产品洽谈、预订。

3. 预估会议各项议题所需的时间

秘书根据会议主要内容以及会议议题申请表的内容，初步估计每项议程所需要的时间：

（1）公司吴总经理致辞（10 分钟）。

（2）特邀嘉宾——市环保局副局长讲话（10 分钟）。

（3）客户代表发言（10 分钟）。

（4）华荣公司环保产品生产报告（30 分钟）。

（5）2011 年国内外环保产品形势分析报告（30 分钟）。

（6）2011 年环保产品洽谈、预订（半天）。

4. 拟订会议议程

秘书根据已做的准备工作，结合会议议程的写法，拟订了会议议程初稿。式样如下。

华荣公司 2010 年度客户联谊会暨 2011 年产品订货会议程（初稿）

华荣公司 2010 年度客户联谊会暨 2011 年产品订货会于 2010 年 12 月 12 日至 15 日在南京钟山宾馆举行。会议议程如下：

1. 主持人宣布会议议程。
2. 公司吴总经理致辞。
3. 特邀嘉宾——市环保局副局长讲话。
4. 客户代表发言。
5. 华荣公司环保产品生产报告。
6. 2011 年国内外环保产品形势分析报告。
7. 2011 年环保产品洽谈、预订。
8. 参观与考察。

华荣公司总经理办公室

2010 年 10 月 12 日

5. 领导审核会议议程

将拟订好的会议议程初稿送交主管领导审核，并根据领导修改意见进行修改。会议议程最后的决定权在主管领导那里，秘书只有建议权，如果主管领导修改了会议议程内容，秘书应立即通知相关部门。

二、拟订会议日程

1. 根据会议内容和会期，将会议内容作合理安排

华荣公司年度客户联谊会暨产品订货会会期 3 天，会议的主要内容有领导致辞、嘉宾代表讲话、客户代表讲话、专题报告、产品预订、参观考察等，张秘书根据会期将会议内容进行了初步的安排，具体如下：

第一天，报到。

第二天上午，领导致辞、嘉宾和客户代表讲话、专题报告（一）。

第二天下午，专题报告（二）、产品预订。

第二天晚上，文艺演出。

第三天，参观考察。

第三天晚上，吴总经理宴请宾客。

第四天，返程。

2. 拟订会议日程初稿

华荣公司秘书根据会议内容，拟订了会议日程初稿，见表1—3—1。

表1—3—1　　华荣公司2010年度客户联谊会暨2011年产品订货会日程安排表

时间		地点	主要内容	主持人	参加人员	备注
12月12日		钟山宾馆大堂	报到			
12月13日	9：00—9：20	钟山宾馆中山报告厅	吴宝华总经理致辞	吴良荣	公司中层以上干部，嘉宾、参会客户	
	9：30—9：50		环保局牛天利副局长讲话	吴良荣	公司中层以上干部，嘉宾、参会客户	
	10：00—11：30		华荣公司环保产品生产报告	吴良荣	公司中层以上干部，嘉宾、参会客户	
	12：00	钟山宾馆秦淮餐厅	午餐	吴良荣	公司中层以上干部，嘉宾、参会客户	
	13：30—14：30	钟山宾馆中山报告厅	2010年国内外环保产品形势分析报告	王琴红	公司中层以上干部，嘉宾、参会客户	
	14：40—17：30		2010年环保产品洽谈、预订	王琴红	公司市场与产品研发部员工、参会客户	
	17：40	钟山宾馆秦淮餐厅	晚餐	王琴红	公司中层以上干部，嘉宾、参会客户	
	19：00	钟山宾馆梅兰芳艺术厅	文艺晚会	王琴红	公司中层以上干部，嘉宾、参会客户	
12月14日	8：00—11：30	钟山风景区	参观	刘正 李海勇	参会客户	
	12：00	东郊宾馆	午餐	刘正 李海勇	参会客户	
	13：30	南京浦口	江苏环保产品科技园	刘正 吴海勇	参会客户	
	17：30	钟山宾馆秦淮餐厅	吴宝华总经理宴请宾客	王琴红	公司中层以上干部，嘉宾、参会客户	
12月15日			返程			

3. 将拟订好的会议日程初稿送交主管领导审核

华荣公司秘书将拟订好的会议日程初稿送给吴总经理审核，并根据领导的意见进行修改。修改后请领导批示，领导批示同意方可印发。

练习与实训

一、思考与练习

1. 不定项选择题

(1) 在会议议程的安排上，应尽量（　　）。

A. 将同类性质的问题集中安排　　　　B. 采用表格的形式

C. 将保密性较强的问题排在最后　　　　D. 做到内容和时间具体化

（2）会议（　　）是对会议所要通过的文件、所要解决的问题的概略安排，常冠以序号将其清晰地表达出来。

A. 议程　　　　B. 日程　　　　C. 程序　　　　D. 记录

（3）制定会议的议程首先要明确（　　）。

A. 会议的时间　　B. 会议的规模　　C. 会议的目标　　D. 上级的精神

（4）在确定会议议程时应（　　）。

A. 根据会议的主题确定会议主持人

B. 考虑参会人的时间安排

C. 根据到会主要领导的情况确定会议发言人

D. 根据会议目的安排主要领导作会议总结

2. 问答题

（1）会议议程的组成部分有哪些？

（2）编制会议议程的原则有哪几个？

（3）编制会议日程的方式有哪些？

二、实训

1. 拟订会议议程和会议日程

（1）实训目标。通过实训，要求学生掌握拟订会议议程的方法。

（2）实训背景。某职业技术学院新闻传播系拟在 7 月 10 日上午 9：00，在南京钟山宾馆召开中国××秘书学会钟山学院新闻传播系分会的成立大会。该系将邀请全国各地职业院校文秘专业负责人参加会议。

（3）实训内容。如果你是该系办公室秘书，请根据实训背景，拟订一份会议议程和会议日程，要求格式正确、规范，要素齐全。

2. 改错题

下面是一份会议议程表，在格式安排等方面存在问题，请根据所学内容进行修改。

华荣公司将举行销售团队会议，研究销售工作下一季度的目标以及人员招聘、选拔等问题。秘书小张在编制议程前，先请总经理、销售总监等有关领导提出议题，再询问各位主管是否有在会上讨论的事情，并提请主管领导定夺，然后将要讨论的问题排上顺序。在设计具体的议程表时，小张把要在会上讨论的议题进行编排，便打印交给了主管领导。会议议程如下：

公司销售团队会议将于 5 月 25 日星期一上午 9：00 在公司总部的三号会议室举行。

1. 销售二部经理的人选。
2. 东部地区销售活动的总结。
3. 上次会议记录。
4. 销售一部关于内部沟通问题的发言。
5. 下季度销售目标。
6. 公司销售人员的招聘和重组。

任务4 选择会议场所

学习目标

- 了解选择会议场所的注意事项
- 能够根据会议的实际情况进行会议地址的选择

任务引入

为了开好华荣公司客户联谊会，吴总经理要求秘书张俪选择会议场所。具体要求为：1. 确定会议召开的所在地。2. 提前确定准备租用的会议场所。

任务分析

正确选择会议场所，主要注意两个方面的问题：一是会议召开所在地，确定是在本地还是外地举办；二是确定会议的具体地点，即举办会议的场所，如某个会议中心或酒店等。正确选择会议场所，是会议取得预期效果的主要因素之一，因此，作为总经理办公室秘书必须协助领导做好这项工作。

相关知识

在任何会议中，环境因素起着重要的作用。不论什么场合，都要保证与会者集中精力开会。环境因素中，最重要的一个因素就是会议所在地和会议地点。

一、确定会议所在地

会议所在地的正确选择对于会议成功有着较为重要的作用。会议地点的选择一般要考虑以下方面：

一是国际性或全国性会议，要考虑政治、经济、文化等大因素，一般选择在首都北京或其他中心城市如上海、武汉、广州、西安等地召开。

二是专业性会议，应选择在富有专业特征的地区召开，以便结合现场考察，如棉花种植会议到新疆去开，钢铁生产会议到上海去开，可以充分发挥会议所在地的专业优势。

三是应该考虑到交通的便利性，尽量选择交通枢纽或大中型城市。

四是要考虑城市对于与会者的吸引力，一个风光优美或富有地域特色的城市，有助于吸引人来参加持续几天的会议。

二、选择会议场所

在选择了会议所在地以后，还必须根据会议的主题和参加人数，以及会议费用等因素，选择合适的会议场所。选择会议场所应考虑以下八个因素。

1. 交通便利

会场位置必须让领导和与会者方便前往。一般应选择在距领导和与会者的工作地点均较近的地方；若是在外地，则应选择在大部分与会者方便到达的地点。

2. 会场的大小应与会议规模相符

一般来说，每人平均应有 2～3 平方米的活动空间比较适宜。同时应考虑会议时间的长短，时间长的会议，场地不妨大些。

3. 场地要有良好的设备配置

桌椅家具、通风设备、照明设备、空调设备、音像设备要尽量齐全。同时应该根据会议的需要检查有无需要租用的特殊设备，如演示板、电子白板、放映设备、音像设备、录音机、投影仪、计算机、麦克风等。

4. 场地应不受外界干扰

应尽量避开闹市区。要排除的“外界干扰”还包括室外的各种噪声，打进会场的电话以及来访和参观等。因此，在场外应挂起“会议正在进行中，谢绝参观”的牌子，并要求关闭所有的手机。会场内部也应具有良好的隔音设备，以保证会议能在安静的环境中顺利进行。

5. 有足够的停车场所和安全设施

一部分与会者会自带车辆，加上参与接待的公司车辆，大型会议应该安排好停放场所。因此，选择会场要考虑到能满足这一条件。大型会议还必须安排好会场的消防、防盗等安全设施。

6. 场地租借的费用必须合理

场租费用是选择会场时必须要考虑的一个重要因素。会场租借费用必须在会议经费预算范围之内，或者必须符合公司相关规定。在有限的预算控制范围内，根据会议的目的和特点决定会议场所的选择。如城市中心地段可能适合于大多数与会者，并且公共交通服务良好，但是市中心地段的会议场所租借费用肯定会贵一些。而城外会议场所在预算范围内可以得到较好的环境条件，如果会期较长且预算有限，就可以选择城外会议场所。

7. 会议场所周围有必要的餐饮和娱乐设施

会场的选择还必须考虑到与会人员的餐饮、娱乐活动等，尤其是大型会议，会场周围最好能有容纳与会人员的餐饮、娱乐设施。

8. 会议场所有住宿和餐饮服务的能力

举办大中型会议时，开会的会议室、参会人员的住宿房间以及用餐的餐厅，应尽量统一在一个会议场所内。这样容易布置相关的工作并提供良好的会务服务。

任务实施

一、确定会议召开所在地

华荣公司准备召开的是全国性的客户联谊会和产品订货会，因此在确定会议所在地时要考虑两个因素：(1) 交通要方便，因客户来自全国各地；(2) 会议所在地与公司产品生产地距离要近，以便于产品展示。

综合以上两个因素，华荣公司秘书将会议地点确定在南京。原因在于：(1) 南京处于我国交通枢纽，四通八达，火车、飞机甚至航运都能够直接到达，交通非常便利。(2) 公司产品生产基地在昆山，距离南京较近，方便运输及产品陈列。

二、确定会议场所

根据前期的了解和统计，此次会议初步估计将有 300 人左右参加，所以必须选择能够具有相应承接大型会议能力的会议场所。根据会期及费用的条件，秘书准备从江苏省会议中心——钟山宾馆或者江苏议事园——古南都饭店中选出合适的会议场所。

秘书根据选择会议场所应考虑的因素，对这两个会议场所进行了比较，见表1—4—1。

表1—4—1　江苏省会议中心与江苏议事园情况对照表

项目地点	江苏省会议中心	江苏省议事园
交通便利与否	位于市中心，交通便利，方便寻找，有利于自驾车前往	交通比较拥挤
会场大小与会议规模	符合	符合
会场设备情况	先进	陈旧
会场受干扰情况	会场装有防干扰设施	会场无防干扰设施
车位	足够	比较紧张
租借费用	8 000元/天	7 500元/天
餐饮娱乐设施	有	晚上7：00以后几乎没有
承办会议经验	经常承办各类大型会议	也承办各类会议，但是承办大型会议不多
酒店类型	商务型和度假型相结合	商务型

综合分析两个场所的各种因素，秘书将会议地点选在江苏省会议中心——钟山宾馆。

三、将选好的会议场所报请主管领导批准

会议地点选好以后，秘书将选择结果向华荣公司主管领导汇报，并得到吴总经理的批准，2010年度客户联谊会暨2011年产品订货会会议地点就定在江苏省会议中心——钟山宾馆。

四、签订协议

秘书在选好会议场所经单位主管领导同意后，应和承租方签订使用协议，并且要保持与会场管理人员联系，特别是开会前要落实会场的准备工作情况，使会议能够正常进行，确保万无一失，如有特殊情况应立即向主管领导汇报，并协助领导解决问题。

为了会议场所在会议期间能够正常使用，需要提前与会议中心签订协议。华荣公司秘书起草并和钟山宾馆签署了一份会场租赁协议。协议如下：

会场租赁服务协议

甲方：江苏省会议中心（钟山宾馆）

乙方：华荣公司

甲乙双方经友好协商，就钟山宾馆会场租赁服务达成以下协议：

一、租借会议室

时间：2010年12月12日至15日

地点：钟山宾馆中山会议厅

场租价格：8 000元/天

附加服务内容及价格：会场设备（话筒、摄像设备等）2 000元

总价款：34 000元

预付款：6 800元

二、预订住宿房间

本次会议预订标准间150间。标准间价格为280元/间（含双早）。

入住时间：12月12日；离会时间，12月15日。

三、餐饮协议

本次会议期间，早餐为自助餐（费用含在住宿费中）。午餐、晚餐为桌餐形式，10人一桌，每桌费用为800元。

四、工作程序

1. 乙方须在签订本协议后10天内，向甲方预付总价款20%的预付款，乙方不按约支付预付款，甲方有权解除本合同。

2. 甲方签订本协议并在乙方按约支付预付款后，将在约定时间、地点及所商定的标准为乙方提供一系列优质服务。

3. 当本次租赁服务结束当日，乙方向甲方按约结算。

五、双方责任

1. 甲方责任

甲方严格按照乙方的要求进行会场留存及布置，不得擅自改变会议时间、地点或场次。甲方若需变更会议地点、时间，须提前10日通知乙方，取得乙方同意；若甲方擅自取消会议，甲方须支付与预付款等额的违约金。

2. 乙方责任

乙方在预订后，如因乙方的原因取消租用场地，乙方向甲方支付预付款等额的违约金。

甲方代表：张启明
电话：025－8883××××
2010年10月10日

乙方代表：张俪
电话：025－8435××××
2010年10月10日

练习与实训

一、思考与练习

1. 不定项选择题

（1）会场的大小应与会议规模相符，一般说来，每人平均应有（　　）平方米的活动空间。

A. 5～10　　B. 15～20　　C. 5～8　　D. 2～3

（2）选择恰当的会议地点要综合考虑的因素有（　　）。

A. 交通便利　　B. 会场的大小应与会议规模相符

C. 良好的设备配置　　D. 场地租借的成本合理

2. 问答题

选择会议地点应综合考虑哪些因素？

二、实训

确定会议场所

（1）实训目标。通过实训，要求学生掌握正确选择会议场所的方法。

（2）实训背景。2010年中国××秘书学会年会准备在湖北武汉召开。本次会议准备表彰先进单位和先进个人，秘书学会会长作报告，选举新一届领导班子。

（3）实训内容。假定你是办公室秘书，请你在武汉热线、湖北旅游网等网站上面选择一个合适的会议场所，并且说明理由。

任务5　制作并发送会议通知

学习目标

- 了解会议通知基本知识
- 掌握制发带回执会议通知的方法
- 能够正确地制发带回执的会议通知

任务引入

华荣公司2010年度客户联谊会暨2011年度产品订货会的准备工作已经接近尾声，公司总经理要求办公室秘书张俪，根据会议议题、名称、会议议程以及会议日程，草拟一份带回执的会议通知。

假定你是公司总经理办公室秘书，请你根据实际情况草拟带回执的会议通知交给总经理审核。

任务分析

制发会议通知，首先要弄清楚会议的时间、地点，会议的主要内容，参加会议的人员等要素；其次要注意带回执会议通知的格式，格式要规范；最后，作为职业秘书，要搞清楚自己的工作职责，作为秘书，自己草拟的会议通知，必须经主管领导审核同意后，才能发出。

相关知识

会议通知是向与会者传递召开会议信息的载体，是会议组织者同与会者沟通的重要渠道。

一、会议通知的方式

会议通知的方式各种各样，主要有口头通知、电话（传真）通知、书面通知、电子邮件通知等。

1. 口头通知

这种方式最突出的优点是快捷、省事，适合于参加人员少的小型会议。

2. 电话（传真）通知

大多数会议都采取这种方式通知。以电话（传真）为媒介传递信息，快捷、准确、到位，一般情况下，成本也不高。当然，以这种方式传达通知时，会务人员必须作通知情况的书面记录。

3. 书面通知

书面通知是一种传统的方式，适合大型会议。如由于书面通知在传递过程中需要一定的时间，所以要提前准备，如果在预定的时间里对方没有收到，还需要及时采取补救措施。

4. 电子邮件通知

电子邮件是信息时代的产物，综合了上述三种方式的优势——快捷、准确、低成本，而且内容清楚，一目了然。目前，通过电子邮件传达会议通知的情况越来越多。但是，由于有的地方尚未普及网络技术，所以这种方式目前还未被普遍采用。

二、书面会议通知的类型

常见的书面通知有卡片式和信函式两种。如果参会人员的身份特殊或级别较高，一般应当向其发放书面的邀请函或请柬以示特别尊重之意。

1. 卡片式会议通知

卡片式会议通知的载体为一张特制的卡片，适用于向内部人员传递会议信息。卡片式会议通知样式如下：

各部门科长会议通知

事由：为讨论本季度生产计划完成情况及主要问题，特召开会议，请准时出席。

受文者：各部门各科长

时间：10月20日下午1：30～3：30。

地点：第一会议室

如无法出席，请于×月×日前电话告知　×××，电话×××××××××

总经理办公室

2010年10月18日

2. 信函式会议通知

信函式会议通知采用书信的形式，可以在抬头部分写明受文对象，也可以省略。信函式会议通知样式如下：

会议通知

各部门负责人：

2010年12月28日、29日东明公司将在北方大厦召开公司成立10周年表彰庆典大会，以表彰先进，规划2011年上半年工作。

如您无法出席，请于12月10日前电话告知秘书××，电话×××××××××

总经理办公室

2010年11月20日

关于召开××省宣传部部长会议的通知

各市委宣传部：

拟订于2010年4月9日、10日召开全省宣传部部长座谈会，现将有关事项通知如下：

一、会议议题：传达学习中宣部召开的部分省区市宣传部长座谈会精神，总结交流我省前三个月宣传思想工作，研究部署下一步工作。

二、参加人员：各市委宣传部部长。

三、会议时间：4月9日、10日（会期两天，4月8日下午报到）。

四、会议报到地点及住宿地点：××市胜利北街桃花园宾馆一楼。会场：桃花园宾馆三楼会议室。

五、有关事项

（一）请参加会议人员准备约15分钟的发言。请将发言材料打印50份，在报到时交会务组。打印采用A4纸张，并在左上角用四号楷体注明“全省宣传部部长座谈会发言材料”。

（二）请各市委宣传部部长安排好会议期间的各项工作，准时出席会议。

（三）请各市委宣传部于4月6日17时前将参加会议人员名单报到××省委宣传部办公室。

联系人：×××，电话：×××××××××传真：×××××××××

××省委宣传部

2010年4月2日

三、会议通知的结构与写作方法

会议通知主要由标题、正文、落款和回执等部分构成。写作方法如下：

1. 标题

标题是会议通知不可省略的组成部分，有完全式和省略式两种基本形式。

(1) 完全式标题，包括发文机关、事由和文种三项要素，如《××公司关于召开年终总结表彰大会的通知》。

(2) 省略式标题，将发文机关或事由省略，如《关于举行节能减排工作会议的通知》。如果为小型会议或日常例会，会议通知标题可简化为《会议通知》亦可。

2. 正文

会议通知正文在受文对象下方左起空两格开始书写，主要包括通知前言、主体和结尾三部分。

(1) 通知前言，即制发会议通知的理由、目的、依据，例如“为全面了解上半年产品销售情况，准确把握客户反馈信息，总公司决定于4月6日（星期三）召开销售工作会议，现将有关事宜通知如下：”。

(2) 通知主体，写明此次会议的相关主要事项，应当做到条理清晰、表述准确，主要包括以下信息：会议主题与内容、召开时间与地点、参会人员、参会要求、报到日期和地点、会议组织方联系方法等。

（3）结尾，会议通知的结尾有两种写法：一是自然结尾，不专门写结束语；二是用“特此通知”结尾。

3. 落款

会议通知的落款在正文结束后下方居右侧书写，包括发文单位名称和发文日期两部分。发文单位名称应当使用全称或规范化简称，如果是正式会议还应当在名称上加盖单位印章。发文日期在发文单位名称下方，采用阿拉伯数字或汉字书写，要求年、月、日齐全。

4. 回执

如果会议参加人员较多或者参会人员是从外地赴会，组织方为了准确掌握参会人员数量从而做好相应的会前准备工作，可以在会议通知正文后附上回执，由参会人员填写完成后通过邮件或传真方式反馈给组织方。回执一般采用表格的形式，主要包括参会人员姓名、性别、抵达时间、预订返程车票机票、联系方式等内容。回执可以帮助组织者准确统计与会人数以便安排食宿，并为参加人员提供车票预订等服务。回执样式参见表 1—5—1。

表 1—5—1　　会议回执

<table>
<tr><td>单位</td><td colspan="4">人数共计：　　人</td></tr>
<tr><td>姓名</td><td>性别</td><td colspan="2">职务</td><td>联系电话</td></tr>
<tr><td></td><td></td><td colspan="2"></td><td></td></tr>
<tr><td></td><td></td><td colspan="2"></td><td></td></tr>
<tr><td></td><td></td><td colspan="2"></td><td></td></tr>
<tr><td>到达车次</td><td colspan="4">到达车次：　　到达时间：　月　日　时　分</td></tr>
<tr><td>返程票预订</td><td>车次（航班）</td><td>日期</td><td>到站</td><td>数量</td></tr>
<tr><td>飞机票</td><td></td><td>月　日　时　分</td><td></td><td></td></tr>
<tr><td>火车票</td><td></td><td>月　日　时　分</td><td></td><td></td></tr>
</table>

请于×月×日前将回执寄至：××省××市××路×号　　××组委会收，邮编××××××

四、会议通知的发送

1. 确定会议通知的发送对象

选择恰当的与会者是会务工作中比较困难而又重要的工作，是会议成功的重要因素之一。秘书应根据领导的指示和要求综合考虑，查对后提出与会人员名单，并请领导审定。

确定与会者的要点有以下几方面：

（1）与会者的职务或级别，即明确会议必须由担任什么职务和级别的人员参加。

（2）与会者的身份，即明确是按照正式成员、列席成员、旁听成员、特邀成员等几种身份的哪一种来参加会议。

（3）与会者的代表性。

（4）参加会议的总人数。

2. 会议通知的发送方式

会议通知的发送方式多种多样，可以通过邮局挂号信邮寄、通过邮局特快专递发送、通过快递公司快递，也可通过传真发送或用电子邮件发送。

会议通知发送方式的选择，应该根据与会者的要求和公司的实际情况选择。一般情况下，多以邮局挂号信邮寄的方式发出。

3. 发送会议通知的注意事项

（1）人员名单确定后，要送交主管审核，最终根据主管确定的名单发送会议通知。

（2）对书面通知的地址、邮编等要填写正确。

（3）装信封和粘邮票时要注意，不要装错、漏装，信封上要写明“会议通知”字样。

（4）落实发送的回复环节（比如发送对象有没有及时收到通知，可以通过电话、口头询问、电子邮件等方式检查通知是否落实）。

（5）在会议前夕，最好能和所有发出通知的人员联系，进一步确认是否能够到会，以便安排食宿，代客户订购回程票等。

（6）对于一些经常参加会议的客户信息应用计算机打印出来，制作成名录，以便下次发通知时使用。

任务实施

一、撰写会议通知

1. 撰写卡片式会议通知

在本任务中，由于一部分参会者为内部人员，因此可以采用卡片式会议通知告知其会议信息。具体内容如下所示：

会 议 通 知

事由：召开2010年度客户联谊会暨2011年产品订货会，听取客户对公司产品的意见和建议，确定次年产品订购情况

参加人员：公司各部门经理、副经理

时间：2010年12月13日至14日

地点：钟山宾馆

如您无法出席，请于11月10日前电话告知秘书张俪，电话××××××××

总经理办公室

2010年10月15日

2. 撰写信函式会议通知

本任务中有相当多的人员来自其他单位或外地，因此应当使用信函式通知，告知其相关信息，在通知正文后附上回执供其填写。此次会议通知如下。

华荣公司关于召开2010年度客户联谊会暨2011年产品订货会的通知

尊敬的客户/××公司：

为了进一步加强与贵公司的合作，听取客户对我公司产品和售后服务的意见和建议，以

及为了做好2011年产品的订货工作，我公司定于2010年12月12日至15日，在江苏省会议中心——钟山宾馆召开客户联谊会。现将有关事项通知如下：

一、会议议题

1. 公司2010年生产、销售情况报告。

2. 2011年产品订货说明。

二、参加会议人员

华荣公司各地区代理商、客户代表、合作公司负责人等。

三、会议时间

12月12日至12月15日。12月12日在南京钟山宾馆大堂报到。

四、会议地点

南京钟山宾馆二楼圆形会议厅。

五、其他事项

1. 大会将为各与会人员免费提供食宿。

2. 参加会议的代表请按要求填写本通知所附的会议报名表（见附件2），于11月20日前寄回会务组。需接车、接机及购买回程机票、车票的人员，务请在会议报名表中注明。

3. 联系方式

联系人：张秘书

联系电话：××××××××

电子邮箱：zhangli@×××.com

通信地址：南京市××路××号华荣公司总经理办公室

邮编：××××××

附件1 会议日程安排表

附件2 华荣公司客户联谊会报名表

附件3 钟山宾馆行车路线图及乘车指南

华荣公司

2010年10月19日

附件1 会议日程安排表（略）

附件2 华荣公司客户联谊会报名表

华荣公司客户联谊会报名表

姓名		性别		出生年月	
公司名称			职务		
联系电话		电子邮箱			
通信地址					
同行人数及性别					
是否需要接站（请写明乘坐交通工具及到达时间）					
是否需要预订返程票（请写明乘坐交通工具及大概时间范围）					

附件 3 钟山宾馆行车路线图及乘车指南

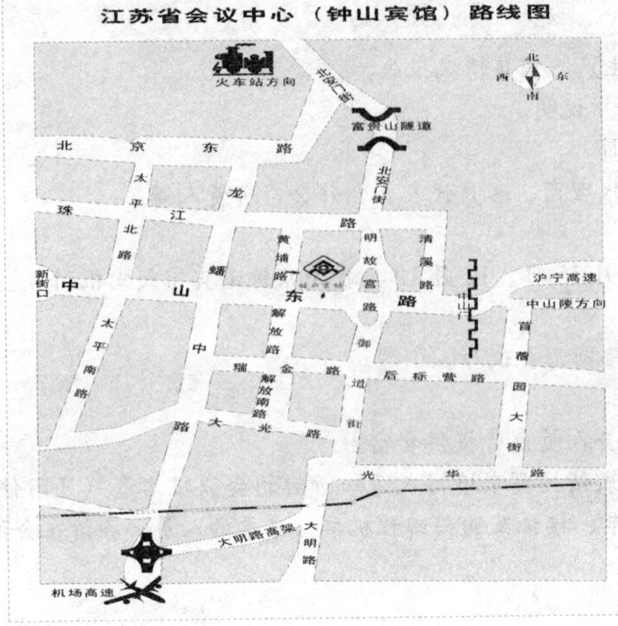

乘车指南：

1. 从火车站：乘出租车（约 18 元）；乘 17 路、36 路到明故宫站下；或乘 59 路马标站下，转 52 路、91 路黄埔路站下车；或乘 118 路到黄埔路站下车即到。

2. 从机场：乘机场大巴到汉中门站下车，转乘出租车（车费约 12 元）；或乘机场大巴到汉中门站下车，转乘 5 路、9 路解放路站下车即到。

3. 到宾馆的公交车：5 路、9 路、25 路、29 路、51 路、65 路、游 1 路、游 2 路到解放路站下；52 路、91 路、118 路黄埔路站下。

二、确定会议通知发送名单

华荣公司此次组织召开的是客户联谊暨产品订货会。因此希望能够参会的人员包括重点客户的高层管理人员，主要客户的采购部或研发部主管，相关政府主管部门的领导等。

华荣公司秘书根据以上目标，结合公司各部门提出的名单，拟订了一份参会人员名单，具体名单见表 1—5—2。

表 1—5—2　　参会人员名单

姓名	公司	职务	地址	电话	备注
王天宇	北江市天宇公司	总经理	×××	13520364×××	
李明	株洲市华泰公司	采购部经理	×××	15823684×××	
张兴	台州市庆阳公司	采购部业务员	×××	15623200×××	
张爱萍	广州市华峰公司	研发部经理	×××	15898256×××	
肖涛	南京环保设备检测中心	总工程师	×××	13812856×××	
……	……	……	……	……	……

三、审核会议通知

将初拟的会议通知及参会人员名单送交主管领导审核，并根据领导审核意见进行修改。待华荣公司主管领导签批后，方可盖章发送。

四、发送会议通知

因本次会议是规模较大的正式会议，因此要寄送正规的会议通知。为了使会议通知能够较为安全地寄送到与会者手中，华荣公司秘书选择了通过邮局挂号信邮寄的方法给参会代表发送会议通知。发送挂号信时，在信封上注明“会议通知”的字样。具体样式如下：

| 1 | 0 | 0 | 0 | 0 | 0 |

北京市安定路××号

北京环保设备有限公司

张小山　收

会议通知

华荣公司总经理办公室

邮政编码：210000

五、确认通知收到与回执处理

因此次会议较为重要，会议通知发出后，秘书还要对主要客户通过电话或邮件进行联系，询问对方是否收到会议通知以及是否参会，予以确认。

在收到回执后，秘书通常需要统计、确认有效回执，从而制作参会人员统计表，根据统计表最终确定住宿及餐饮等相关事宜。华荣公司的参会会议信息统计表见表1—5—3。

表1—5—3　　客户联谊会暨产品订货会参会回执信息统计

姓名	公司	职务	电话	车次/航班
王天宇	北江市天宇公司	总经理	13520364×××	HU4736
李明	株洲市华泰公司	采购部经理	15823684×××	T156
张兴	台州市庆阳公司	采购部业务员	15623200×××	K195
张爱萍	广州市华峰公司	研发部经理	15898256×××	CA6140
……	……	……	……	……

练习与实训

一、思考与练习

1. 不定项选择题

(1) 会议通知的格式有（　　）和卡片式。

A. 文件式　　B. 信函式　　C. 命令式　　D. 公文式

(2) 会议通知除了有会议名称、主持单位外，还应包括会议材料、回复时需要的信封和邮票，有关票证和（　　）。

A. 服务人员姓名与着装　　B. 会议具备的设施

C. 会议地点、交通工具、线路　　D. 会议布置效果图

(3) 小型会议或与会人员集中居住的会议，适合（　　）通知他们开会。

A. 书面通知　　B. 口头通知　　C. 发布公告　　D. 电子邮件通知

(4)（　　）是会议准备工作的一项重要内容，它是会议准备住宿和餐饮等后勤工作的基础。

A. 确认会议通知的对象　　B. 确认会议通知内容是否正确

C. 处理会议回执　　D. 保证发送渠道的畅通

(5) 在确定重要会议与会人员的范围时，需考虑（　　）。

A. 符合法定程序　　B. 各单位名额要平衡

C. 会场的规模　　D. 列席代表的数量

2. 问答题

(1) 会议通知的方式有哪些？

(2) 会议通知由哪几个部分组成？

(3) 发送会议通知的注意事项有哪些？

二、实训

1. 起草带回执的会议通知

(1) 实训目标。通过实训，要求学生掌握带回执的会议通知的写作方法。

(2) 实训背景。河南省孔子学会拟于开封市菊花花会期间举办以“诚信为本，操守为重”为主题的诚信儒商学术研讨会，旨在传承儒家文化传统，弘扬儒商精神，倡行诚信原则。拟邀请河南省孔子学会会员，高校从事儒学研究的教授、学者，儒学研究专家，成功的知名企业家，港、澳、台、日、韩及东南亚等国家如地区的商界代表及学者、专家，省、市社科联领导，工商联领导。

会议的主要内容有：1）儒家文化与现代儒商精神研讨；2）经贸洽谈；3）编辑出版《儒商与诚信》论文专辑；4）参观考察。

(3) 实训内容。假定你是该学会办公室秘书，请根据实训背景，设计并制作一份带回执的会议通知，要求通知格式正确、规范，要素齐全。会议的时间、地点及有关事项可虚拟。

2. 改错题

请指出下列一则会议通知的不妥之处，并说明正确的写法。

××县卫生局关于召开卫生工作会议的通知

县属各镇（乡）、局（行）、厂矿：

为总结经验，进一步做好我县的卫生工作，县卫生局决定在本月中旬召开卫生工作会议，现将有关事项通知如下：

（一）参加会议人员为各单位主管卫生工作的主要负责人；

（二）参加会议人员应认真准备有关卫生工作情况及今后工作打算的材料，以便在会上汇报和交流；

（三）参加会议人员应于6月15日到县政府报到；

（四）会议结束后，将布置今年下半年的工作安排，请及时传达。

以上通知，希遵照执行。

××县卫生局

2010年6月1日

3. 自我训练题

请同学们在课余时间利用网络搜索和收集各种形式的会议通知，并进行分析和比较，规范的请保存下来作为参考，不规范的请找出来做修改练习。

任务6 编制会议经费预算

学习目标

- 掌握会议经费预算的方法
- 掌握会议经费预算的原则
- 能够进行大中型会议经费预算，并编制经费预算方案

任务引入

华荣公司2010年度客户联谊会暨2011年产品订货会准备工作已经基本就绪，吴总经理要求秘书张俪做一份会议经费预算方案，会议经费预算控制在20万元以内。

假定你是秘书张俪，请你根据会议内容、会议时间、会议规模等，拟订一份会议经费预算方案。

任务分析

会议经费预算是会议前期准备工作中的一项重要工作。会议经费预算必须考虑到会议内容、会议时间、会议规模、参会人数等因素，拟订会议经费预算方案必须本着节约的原则，必须符合公司的财务制度。

相关知识

一、会议经费预算的构成

1. 交通费用

交通费用可以细分为：

（1）出发地至会务地的交通费用。包括航班、铁路、公路、客轮，以及目的地车站、机场、码头至住宿地的交通费用。

（2）会议期间交通费用。主要是会务地交通费用，包括住宿地至会所的交通费用、会所到餐饮地点的交通费用、会所到商务交际场地的交通费用、商务考察交通费用以及其他与会人员可能使用的预定交通费用。

（3）接送交通及返程交通费用。包括航班、铁路、公路、客轮及住宿地至机场、车站、港口交通费用。

2. 会议室费用

具体可细分为：

（1）会议场地租金。通常而言，场地的租赁已经包含某些常用设施，譬如激光指示笔、音响系统、桌椅、主席台、白板或者黑板、油性笔、粉笔等，但一些非常规设施并不涵盖在内——比如投影设备、临时性的装饰物、展架等，需要加装非主席台发言线路时也可能需要另外的预算。

（2）会议设施租赁费用。此部分费用主要是租赁一些特殊设备，如投影仪、笔记本电脑、移动式同声翻译系统、会场展示系统、多媒体系统、摄录设备等，租赁时通常需要支付一定的使用保证金，租赁费用中包括设备的技术支持与维护费用。值得注意的是，在租赁时应对设备的各类功效参数作出具体要求（通常可向专业的会议服务公司咨询，以便获得最适宜的性价比），否则可能影响会议的进行。另外，这些会议设施由于品牌、产地及新旧不同，租赁的价格可能相差很大。

（3）会场布置费用。如果不是特殊要求，通常而言此部分费用包含在会场租赁费用中。如果有特殊要求，可以与专业的会议服务商协商解决。

3. 住宿费用

住宿费是会议主要开支之一。正常的住宿费除与酒店星级标准、房型等因素有关外，还与客房内开放的服务项目有关——譬如客房内的长途电话、迷你吧酒水、互联网、水果提供等服务是否开放有关。会议主办方应明确酒店应当关闭或者开放的服务项目及范围。

4. 餐饮费用

会议的餐饮费用可以很简单，也可以很复杂，这取决于会议议程需要及会议目的。包括以下几个方面：

（1）早餐。早餐通常是自助餐，当然也可以采取围桌式就餐，费用按人数计算即可（但考虑到会议就餐的特殊性及原材料的预备，所以预计就餐人数不要与实际就餐人数相差15%，否则餐厅有理由拒绝按实际就餐人数结算，而改为按预定人数收取费用）。

（2）午餐。午餐属于正餐，可以采取人数预算——自助餐形式，或按桌预算——围桌式形式。如果主办方希望酒水消费自行采购而非由餐厅提供，餐厅可能会收取一定数量的服务费用。

(3) 酒水及服务费。通常，如果在高星级酒店餐厅就餐，餐厅是谢绝主办方自行外带酒水消费的，如果可以外带酒水消费，餐厅通常需要加收服务费。在高星级酒店举办会议宴会，通常在基本消费水准的基础上加收15%左右的服务费。

(4) 会场茶歇。此项费用基本上是按人数预算的，预算时可提出不同时段茶歇的食物、饮料组合。承办者告知的茶歇价格通常包含服务人员费用，如果主办方需要非程序服务，可能需要外加预算。通常情况下，茶歇的种类可分为西式与中式两种——西式基本上以咖啡、红茶、西式点心、水果等为主，中式则以开水、绿茶或者花茶、果茶、水果、咖啡及点心为主。

(5) 联谊酒会（舞会）。事实上，联谊酒会（舞会）的预算可能比单独的宴会复杂，宴会只要设定好餐标与规模，预算很容易计算。但酒会（舞会）的预算涉及场地与节目支持，其预算可能需要比较长的时间确认。

5. 资料费用

包括会议所用的公关宣传、制作会议各类文件资料和证件的费用和相应的文具费。

6. 人工费

包括支付给与会人员和工作人员的补贴或报酬。如支付给报告人、演讲者、专家、临时借用人员的酬金。与会人员和工作人员的工资一般不计算在其中。

7. 视听设备费用

在室内举行的会议一般都会提供视听设备。如果有些会议对于视听设备有特殊要求或者要在室外举行活动，则需要租用视听设备，其预算包括：

(1) 设备本身的租赁费用，通常按天计算。

(2) 设备的运输、安装调试及控制技术人员支持费用，可让会展服务商代理。

(3) 音源。主要是背景音乐及娱乐音乐选择，主办者可自带，也可委托代理。

8. 娱乐休闲费用

如果会议安排了参观游览、文娱晚会等休闲活动，还要预算参观游览门票、演出或包场费用等。

9. 杂费

杂费是指会议过程中一些临时性安排产生的费用，包括临时打印、临时运输及装卸、纪念品、模特与礼仪服务、临时道具、传真及其他通信服务、临时保健、翻译与向导、临时商务用车、汇兑等。杂费的预算很难计划，通常可以在会务费用预算中增列不可预见费用作为机动处理。

二、编制会议经费预算的原则

编制会议经费预算应当遵循以下几项原则：

1. 严格遵循节俭办会的宗旨，根据实际需要科学合理地分配各项开支，并保证资金专项使用，真正用之于会。

2. 严格控制经费总量，每一次会议的经费都有一定的限度，所有开支都必须控制在适度范围之内，不能无限制地增加，会议成本总量不能超过会议预期收益，否则开会就没有任何必要了。

3. 在经费数量限定的情况下，或当经费不足时，要确保重点，确保有限的经费花在刀刃上。

4. 对会议的每一项开支都应严格审核，力求达到预算经费与实际开支的平衡。能省则省，能减就减。

5. 要充分考虑会议期间可能出现的、一些不可预测的费用开支，预算时要留有适当余地。

三、会议经费的筹措方式

会议经费的筹集是多渠道的，主要来源有：

1. 企业单位内部会议经费一般可从行政经费中开支。

2. 由几个单位共同主办的会议，主办者之间通过协商分担费用。

3. 通过向社会各界寻求赞助筹得资金。

4. 与会者个人或其所在单位全部承担或部分承担个人费用，如交通费、食宿费、资料费等。

5. 一些大型的会议活动由于影响较大，可以在法律允许范围内通过转让会议无形资产来筹集资金。

6. 其他方式。作为秘书应当通过有效的公关活动多方面获取资金，确保会议有足够的经费开支，并得到合理有效的使用。

任务实施

华荣公司秘书根据此次会议的具体情况以及相关要求，拟订了一份会议经费预算方案。方案如下：

华荣公司2010年度客户联谊会暨2011年产品订货会经费预算方案

公司定于2010年12月12日至15日在江苏省会议中心——钟山宾馆会议室召开2010年度客户联谊会暨2011年产品订货会。与会人员预计300人，现就会议所需各项经费提出预算。

一、场地租用费

江苏省会议中心——钟山宾馆会议室租金8 000元。

二、摄像设备等租用费

拟租摄像机2台，租金共计2 000元。

三、会场装饰费

为了烘托气氛，会场必须装饰，其中：鲜花1 000元；横幅5条，每条100元，共500元；拱门2个，一个500元，共1 000元；其他装饰用品2 000元，共计4 500元。

四、聘请嘉宾咨询费

拟请嘉宾2人，每人咨询费5 000元，共计10 000元。

五、餐饮费用（早餐费除外）

10人一桌，每桌标准800元，13、14日中午和晚上用餐，共120桌，共计96 000元。

六、交通费用

租用旅行车 6 辆，每辆每天 1 000 元，共计 6 000 元。

七、会议用品费

制作宣传手册 400 份，每份宣传手册成本为 5 元，共 2 000 元；制作会标、会议代表证、文具等共 2 000 元，合计 4 000 元。

八、纪念品及演出费

与会人员每人一份纪念品价值 100 元左右，共计 30 000 元；文艺演出 5 000 元，共计 35 000 元。

九、其他（机动）费用

为了保证会议正常进行，机动费用为 10 000 元。

综上所述，此次会议经费总计 175 500 元，其中，中国移动公司江苏省分公司赞助 30 000 元，其他费用由公司行政费用列支，共需 145 500 元。

此预算提交总经理办公室审查批准。

会议筹备小组

2010 年 11 月 10 日

练习与实训

一、思考与练习

1. 不定项选择题

(1) 下列不属于会议经费预算范围的是（　　）。

A. 场地租用费　　B. 购置办公室耗材费用

C. 与会者旅行费　　D. 嘉宾出场费

(2) 秘书在编制会议费中的设备租用费用时，需考虑设备的（　　）。

A. 使用期限　　B. 型号　　C. 功能　　D. 租用费

(3) 在会议经费有限的情况下，应重点压缩（　　）的费用。

A. 文件资料　　B. 会议设备　　C. 场地租用　　D. 邮电通信

(4) 如果会议经费有限，与会人员交通往返又需由主办单位承担，可通过（　　）压缩这笔费用。

A. 规定所有与会者只能乘坐火车较便宜的交通工具

B. 严格限制与会人员

C. 尽量将会议安排在偏僻一点的地方，减少外出

D. 尽量使会场与驻地相邻

2. 问答题

(1) 会议经费预算的原则有哪些？

(2) 会议经费的筹措方式有哪些？

二、实训

拟订会议经费预算方案

(1) 实训目标。通过实训，要求学生掌握拟订会议经费预算的方法。

(2) 实训背景。某职业技术学院新闻传播系拟在 7 月 10 日上午 9：00，在南京钟山宾

馆召开中国××秘书学会××学院新闻传播系分会的成立大会。该系将邀请全国各地职业院校文秘专业负责人参加会议。

(3) 实训内容。假定你是该系办公室秘书，请根据实训背景，拟订一份经费预算方案送交该系主任审核，要求通知格式正确、规范，要素齐全。

任务7 准备会议资料和会议物品

学习目标

- 了解会议资料和会议物品所包含的内容
- 掌握准备会议资料和物品的方法
- 能够对大中型会议所需的会议资料和物品进行准备

任务引入

华荣公司2010年度客户联谊会暨2011年产品订货会准备工作已经基本就绪，眼看会期在即，总经理要求秘书张俪准备好会议资料和物品。

假定你是秘书张俪，请你根据会议的需要进行准备。

任务分析

举办大中型会议前，都需要做好计划，提前准备相应的资料和物品。为完成此工作，需要秘书了解会议资料和会议物品的种类，掌握必要材料的制作方法，并且工作态度要认真、细致。

相关知识

一、会议资料

会议资料分为来宾资料、会务资料和沟通资料三类。其中来宾资料是来宾报到时分发的资料，会务资料是会议组织者需要提前整理好的会务处理所需的资料，而沟通资料则是对内外进行沟通的文字材料。

二、会议物品

会议物品是为了保证会议进行所需准备的必要用品和工具，主要包括会议证件、会议指示标志、会议设备和用品等。

1. 会议证件

会议证件是会议组织者发给参加会议的代表、嘉宾以及会议工作者佩戴的统一制作的证件。主要包括代表证、列席证、工作证、记者证等。

代表证发给参加并有表决权和选举权的代表；列席证发给旁听但无表决权的列席人员；工作证只能证明是会议工作人员，出入行走有一定限制；记者证只是发给新闻媒体方面的有关人员，工作区域有一定限制。

会议证件有以下 4 个作用：

（1）与会者、嘉宾、工作人员的身份证明。

（2）有利于保证会议安全，控制会议出入人员。

（3）便于统计会议到会人数。

（4）有利于维持会议秩序。

2. 会议指示标志

会议的指示标志是在会场和相关服务区域摆放或者设置的某些标志物，如各种指示牌、接待处和签到处的标志、贵宾室、饮水处、洗手间等标志。

3. 常用的会议设备和用品

必备的设备和用品须在会议筹备过程中就提前准备好，包括以下方面。

（1）常用的设备。包括空调、笔记本电脑、打印机、复印机、传真机、饮用水、灯具、音响、通风、录音、摄像和安全设备等。

（2）常用的用品。包括一次性水杯、电池、剪刀、纸张夹、裁纸刀、胶带纸、双面胶、订书机、尺子、绳线、订书钉、回形针、大头针、胶水、白板、白板笔、粉笔、信封、便笺、铅笔、钢笔、信纸、禁烟标志、放大的公司标志、公司电话簿等。

此外，还可根据实际情况准备可能用到的用品和设备，如国歌和国际歌伴奏带、投票箱、旗帜、仪仗队、鲜花等。

任务实施

一、准备会议资料

秘书应提前做好准备，按时分发或恰当使用会议资料。

1. 来宾资料

来宾资料是来宾报到时分发的资料，整理后用资料袋装好，形成一份份的材料袋。资料袋中内容应包括：会议文件资料（如重要人物讲话提纲等）、会议手册（会议日程表、会议须知等）、分组名单、笔记本、文具、代表证、房卡、餐券等。如图 1—7—1 所示。

2. 会务资料

会务资料包括：接站一览表、会议签到表、住宿登记表、用餐分组表、会议讨论分组表、会间乘车分组表、订票登记表、会务组成员通信录（每人一份）等。

3. 沟通资料

沟通资料主要包括：会议宣传资料、会议参考文件、与会议有关的此前各种记录、各种与会议有关的协议书、合同书等相关资料。

二、准备会议物品

1. 各种会议证件

在制作会议各类证件时，要考虑到对不同证件进行辨别，不同类型的证件在制作时，颜色的选择、样式的设计、尺寸大小等方面要有所区别。

为了会议能够顺利进行，同时也为了区分参会代表、工作人员和媒体工作人员，张秘书设计并制作了会议代表证、工作证和记者证。如图 1—7—2 所示。

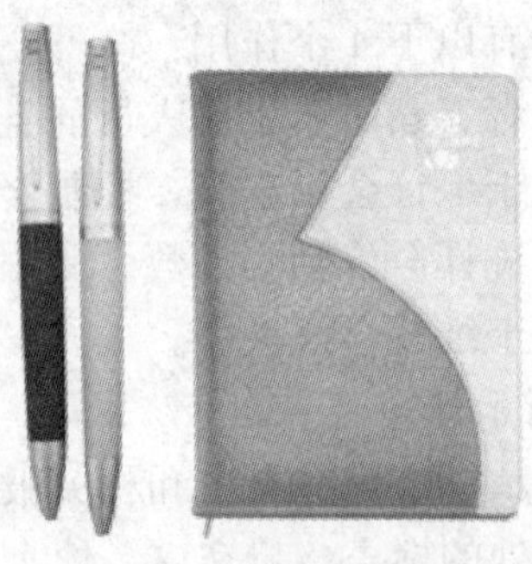

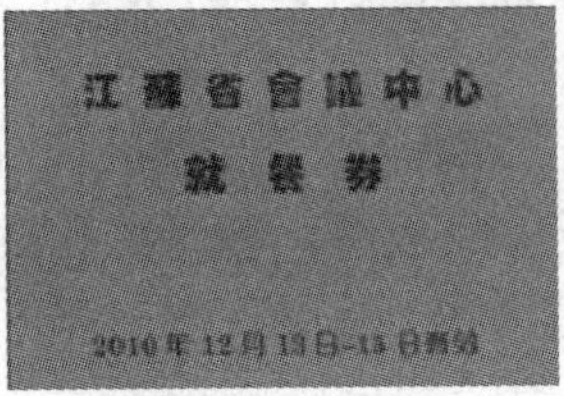

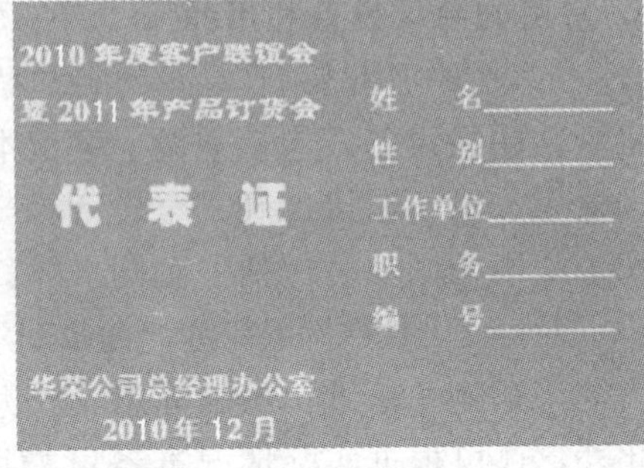

图 1—7—1　材料袋及资料

2010 年度客户联谊会暨 2011 年产品订货会

工　作　证

华荣公司总经理办公室

2010 年 12 月

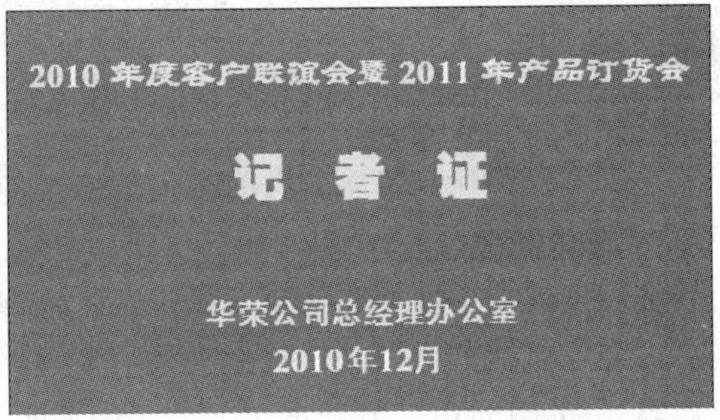

图 1—7—2　为会议准备的各种会议证件

2. 会议指示标志

一般情况下，会议指示标志可由会议组织者自行制作简易指示标志；也可以由专业的会议承办机构、图文制作公司根据会议组织者的要求进行制作。

（1）指示牌。大中型会议应制作标志牌或指示牌，方便与会者顺利找到相关区域或地点，如图 1—7—3 所示。

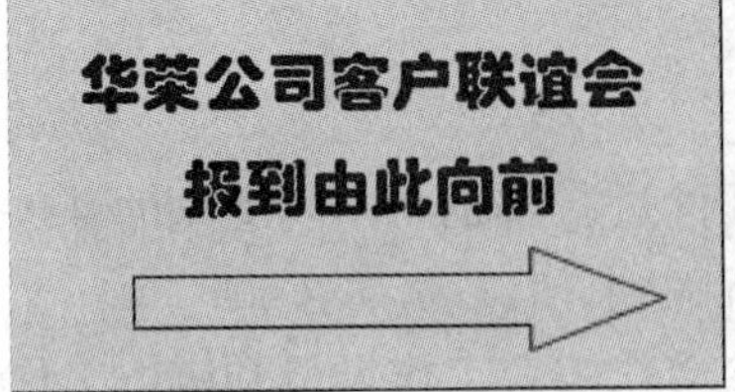

华荣公司客户联谊会

报到接待处

图 1—7—3　道路指示牌

（2）区域图或路线图。在会议场馆里，为方便与会者入座，事先画出区域图，张贴于入口处，如图 1—7—4 所示。

（3）名签或台签。在主席台或各种办事地点摆放名签或台签，以标明人员的身份或办事机构的名称，如图 1—7—5 所示。

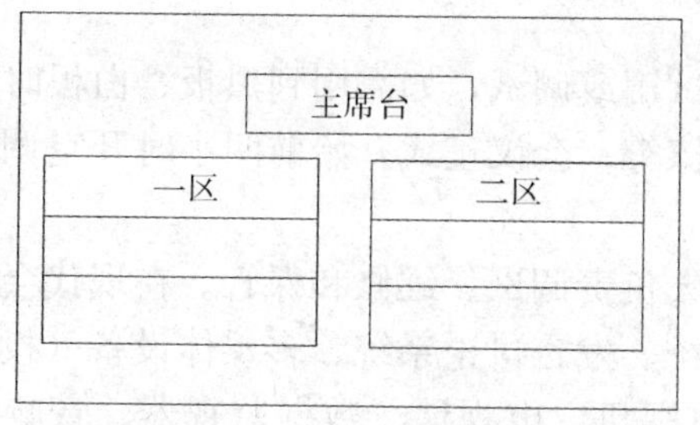

图 1—7—4 会场区域图

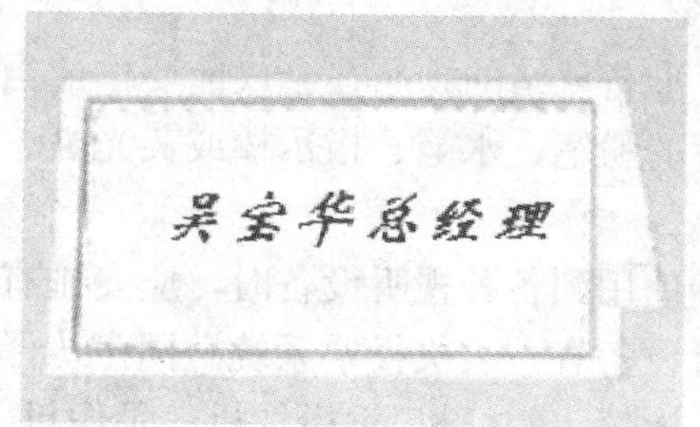

图 1—7—5 会议台签

3. 必备的设备和用品

张秘书根据会议的需要准备会议设备和物品，并设计制作了华荣公司 2010 年度客户联谊会暨 2011 年产品订货会会议设备、物品准备一览表（见表 1—7—1）。

表 1—7—1　　会议设备、物品准备一览表

设备或物品名称	数量	准备情况		备注
		准备中	准备完毕	
空调、灯具、音响	2		√	
笔记本电脑	2		√	
打印机	1		√	
复印机	1		√	
传真机	2		√	
录音和摄像设备	2	√		
饮用水、一次性水杯	2/1 000	√		
电池	20	√		
剪刀	5		√	
纸张夹	15		√	
订书钉	10		√	
大头针	5 盒		√	
禁烟标志	5		√	
放大的公司标志	5		√	
……	……	……	……	……

4. 物品准备注意事项

（1）根据会议经费的预算，量力而出。

(2) 所备物品经济适用，严禁奢华，避免产生不必要的浪费。

(3) 学会精打细算，必需的开支应优先考虑，如宣传材料、传真复印、磁带、胶卷、纸笔等；观光用品、纪念品、奖品等附属支出，可适当压缩。

(4) 会议物品的准备有时可结合公关宣传工作，如在发放的纸笔或资料袋上印制企业及会议名称。

(5) 准备就绪的物品在会议前要作适当的试用或调试，如需用到黑板、白板时，应准备好其附带的粉笔、水笔、指示棒或荧光笔、板擦等；会议正式开始前两小时开空调进行预冷或预热等。

(6) 使用到各种视听设备时，应安排有专人负责调试、维修和保管。在现代会议中，常用的视听设备有：表决投票系统、同声传译系统、发言讨论系统、多媒体设备（投影机、投影屏、投影仪、幻灯机）、摄像机、录像机、电视机、电视墙、数据监视器、音响设备、办公设备、音频视频会议系统等。

专门负责视听设备的维护人员应注意：记好使用及维修记录；准备一些应急的配件，如保险丝、电工盒、空白磁带、彩色粉笔等；租赁的设备若较多，应向出租方要求配备专门的应急维修人员及电话号码；陈旧的设备宁可更换新的，也不要在会议期间维修，更不能造成与会人员一同参与设备抢修；一切设备最好能在会议前预演一遍。

练习与实训

一、思考与练习

1. 不定项选择题

(1) 会议证件主要包括（　　）等。

A. 代表证　　B. 列席证　　C. 工作证　　D. 记者证

(2) 下列不属于会议设备的是（　　）。

A. 计算机　　B. 打印机　　C. 订书机　　D. 粉笔

(3) 会议资料可分为（　　）、（　　）、（　　）三类，秘书应提前做好充分的准备，按时分发或恰当使用。

A. 来宾资料　　B. 会务资料　　C. 沟通资料　　D. 宣传资料

2. 问答题

(1) 会议证件的作用有哪些？

(2) 会议物品准备的注意事项有哪些？

二、实训

准备会议资料和会议物品

(1) 实训目标。通过实训，要求学生掌握准备会议资料和会议物品的基本方法。

(2) 实训背景。某职业技术学院新闻传播系拟在 7 月 10 日上午 9：00，在南京钟山宾馆召开中国××秘书学会××学院新闻传播系分会的成立大会。该系将邀请全国各地职业院校文秘专业负责人参加会议。

(3) 实训内容。假定你是该系办公室秘书，请根据实训背景，准备会议所需要的物品和资料。

任务8 会场布局和会场布置

学习目标

- 掌握会场布置的原则和方法
- 掌握选择会场布局的原则和方法
- 能够进行会场布置
- 能够正确地选择会场布局

任务引入

华荣公司准备召开2010年度客户联谊会暨2011年产品订货会。眼看会期一天天临近，总经理要求秘书张俪拿出会场布局、会场布置方案交给他审核。

假如你是秘书张俪，你应该如何去布置会场。

任务分析

会场布局选择和会场的布置是会议筹备中的一项重要的工作，会场布局选择是否恰当、会场布置是否和会议主题符合等，直接影响着会议的效果。

进行会场布局和布置要了解布局形式、方法以及座次排序的准则，并能够根据会议主题布置会场环境。

相关知识

布置会议场所也是会议前期准备的重要工作。布置会场主要包括会场大布局、座次的排列、会场的装饰等。会场布置是否合理，对于会议的成功与否具有很重要的作用。

一、会场布局

会场的布局可以有多种形式，要根据会议的性质、规模、需要等来选择和安排。常见的会场布局形式有礼堂式、教室式、圆桌式、方形中空式和马蹄形或“U”形等。

1. 礼堂式

礼堂式也叫剧院式。面向主席台摆放一排排坐椅，中间留有较宽的通道。

这种布局的特点是，在留有通道的情况下，最大程度地摆放坐椅；参会人员没有地方放资料，也没有桌子可用来记笔记，如图1—8—1所示。

2. 教室式

在会议室内将桌椅按照教室课桌的样式进行摆放，便于会议发言人的表达及参会人员作记录，如图1—8—2所示。

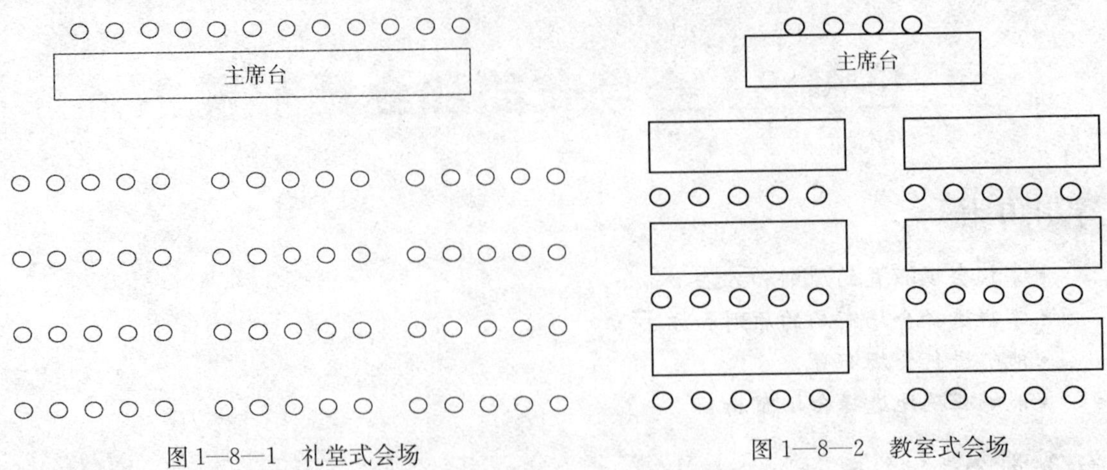

图 1—8—1　礼堂式会场　　图 1—8—2　教室式会场

3. 圆桌形

房间内放置一些圆形或椭圆形桌子，椅子围绕着桌子摆放，以便所有参会者都面向前方，如图 1—8—3 所示。

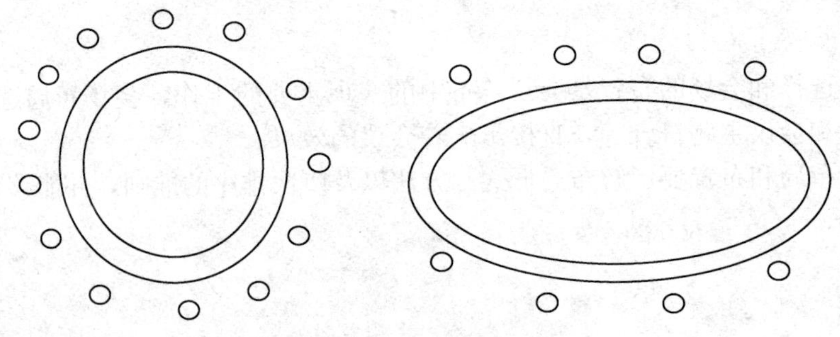

图 1—8—3　圆桌形会场

4. 方形中空式

将会议室里的桌子摆成方形中空，前后不留缺口，椅子摆在桌子外围。通常桌子都会围上围裙，中间通常会放置较矮的绿色植物，投影仪会有一个专用的小桌子放置在最前端。此种类型的摆桌常用于学术研讨会一类的会议，前方设置主持人的位置，可分别在各个位置上摆放麦克风，以方便不同位置的参会者发言。此种台型容纳人数较少，对会议室空间有一定的要求。如图 1—8—4 所示。

5. 马蹄形或“U”形

将桌子连接着摆放成长方形，在长方形的前方开口，椅子摆在桌子外围，通常开口处会摆放放置投影仪的桌子，中间通常会放置绿色植物以做装饰。一般不设会议主持人的位置，以营造比较轻松的氛围，多摆设几个麦克风以便自由发言，椅子套上椅套会显示出较高的档次，如图 1—8—5 所示。

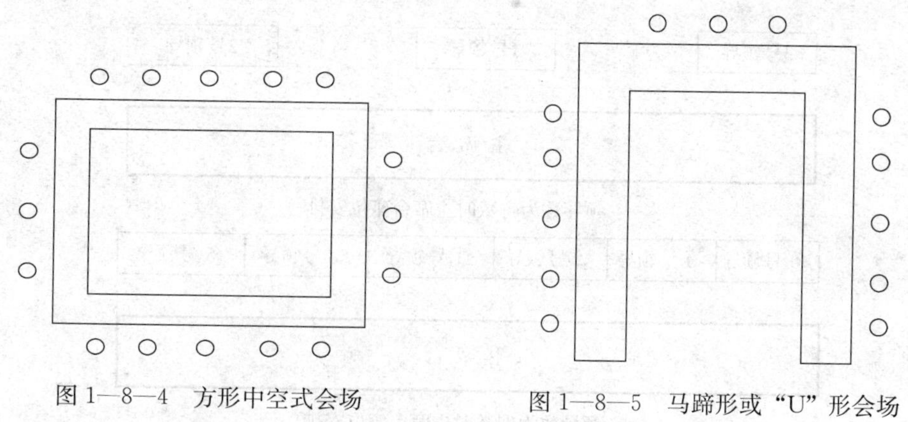

图 1—8—4 方形中空式会场　　图 1—8—5 马蹄形或“U”形会场

二、会场布置

会场布置主要有以下几个方面的内容。

1. 会场环境布置

会场环境布置的基本要求是庄重、美观、舒适，体现出会议的主题和气氛，同时还要考虑会议的性质、规格、规模等因素。会场的环境布置包括整个会场色调的选择、会场的装饰、会场内座位的布置。

2. 主席台的布置

主席台是会场中最醒目的地方，也是会场的核心，因此是会场布置的关键。一般要在主席台上方悬挂会标，天幕悬挂会徽或红旗以及其他艺术造型，主席台下和讲台上摆放鲜花，主席台上放置座位台签。

（1）会标。红色横幅，一般用艺术字标出会议名称。

（2）会徽。体现或象征会议精神的图案性标志。如是党的会议可用组织的徽志作为会徽，如党徽，也可采用专为会议而设计的标志。

（3）讲台。重要的代表大会、报告会需在主席台设置专门的讲台。讲台可设在中央，也可设在主席台的右侧，位置应低于主席台，以免报告人挡住领导人的视线。较大的会场也可在主席台两侧均设置讲台。

三、座次的安排及注意事项

1. 主席台的座次安排

（1）国内会议主席台的座次安排。按照职务的高低和选举的结果安排座次，职务最高者居中，按先左后右（以主席台的朝向为准）、前高后低的顺序依次排列。如图 1—8—6 所示。

主席台必须排座次、放名签，以便领导同志对号入座，避免上台之后互相谦让。

主席台座次排列，领导为单数时，主要领导居中，2 号领导在 1 号领导左手位置，3 号领导在 1 号领导右手位置；领导为偶数时，1、2 号领导同时居中，2 号领导依然在 1 号领导左手位置，3 号领导依然在 1 号领导右手位置。如图 1—8—6 所示。

（2）国际性会议主席台的座次安排。主办方身份最高者居中，其他来宾按照国际礼宾次序先右后左（以主席台的朝向为准）向两边排列，这一点与国内会议排法正好相反。

（3）主持人座次安排。主持人既可在前排边座入座，也可按照职位高低顺序就座。

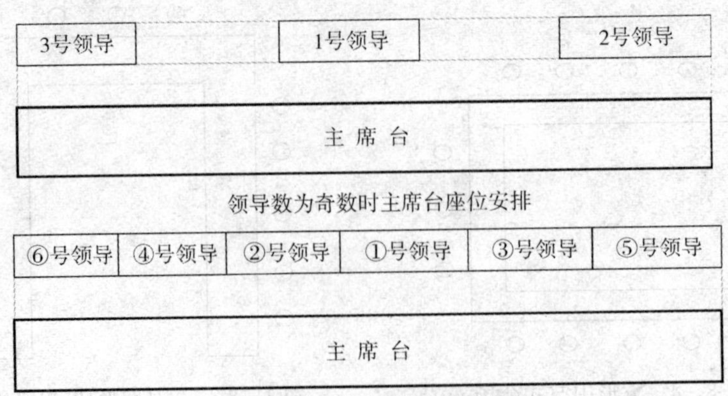

图 1—8—6　主席台座次安排的两种情形

主席台座次排好后，要把主席团座次图表贴在休息室门口，并在主席台上摆放座位台签，以便领导对号入座。

2. 与会代表的座次安排

为了保证与会代表顺利地对号入座，保证会议和活动井然有序地进行，中大型会议必须会前安排与会代表的座次。排列座次的方法主要有三种，可以根据需要选择合适的方法。

（1）竖排法。把每个代表团、单位、小组的座席从前向后排成纵向一列，再按团顺序从左到右横向排列座次。排列按照参加会议的代表团名称笔画、汉语拼音字母顺序，或约定俗成的排列顺序。

国际性会议往往按照与会国家英文名称的第一个字母顺序。这种排法要注意先排出正式代表，后排出列席代表。如图 1—8—7 所示。

（2）横排法。按照既定的次序把参会的各个代表团、单位、小组的座席排成横向的一行，再按团顺序从前到后依次纵向排列，选择这种方法也应注意将正式代表或成员排在前，职位高者排在前，列席成员、职位低者排在后。如图 1—8—8 所示。

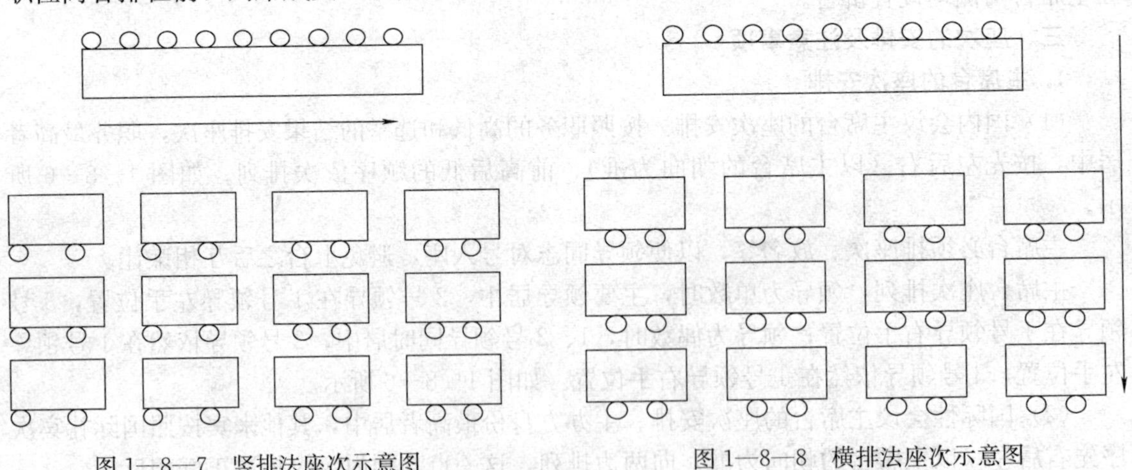

图 1—8—7　竖排法座次示意图　　图 1—8—8　横排法座次示意图

（3）左右排法。这种排列方法的要领是，把每个参会的代表团、小组、单位的座席安排成纵向的列，再以会场的中心为基点，将顺序在前的排在中间位置，然后先左后右（以主席台的反向为准），一左一右向两侧横向交错扩展排列座次。

选择这种方法时应注意人数。如果代表团、小组、单位数量为单数，排在第一位的成员应居中；如果代表团、小组、单位数量为双数，那么排在第一、二位的两位成员应居中，以保持两边人数的均衡。如图 1—8—9 所示。

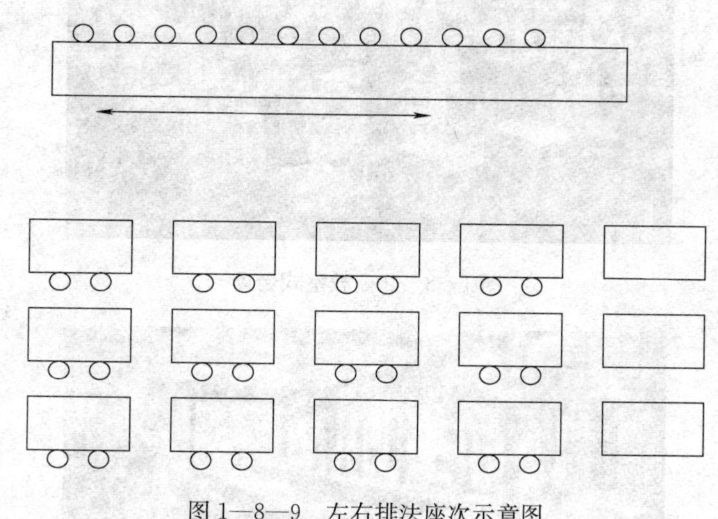

图 1—8—9　左右排法座次示意图

无论采用何种排法，座次安排好后，秘书一定要事先划好座位区域，在会场大门贴指示牌、座位图，或者在与会代表的出席证上注明座位号，以便与会代表顺利入座。

对在主席台就座的领导同志能否届时出席会议，在开会前务必逐一落实。领导同志到会场后，要安排在休息室稍候，再逐一核实，并告知上台后所坐方位。如主席台人数很多，还应准备座位图。如有临时变化，应及时调整座次、名签，防止主席台上出现名签差错或领导空缺。还要注意认真填写名签，谨防错别字出现。

四、会前的检查

为保证会议的顺利进行，会前要对会场布置进行检查，俗称“踩点”。检查的内容包括：会场布置是否与会议议题相适应，会标是否端正醒目，主席台是否按照议定次序摆放，领导人台签是否妥当，旗帜、鲜花等烘托气氛的装饰物是否放置得体，音响、照明、通信、录音、录像、通风、安全保卫等设备、措施是否完善。大型会议还应该检查场地划分是否合适，以及进场、退场路线的安排。

任务实施

一、会场布局

1. 会场整体布局

张秘书根据会议的规模、会议的主题，以及会场租借费用几方面综合考虑，确定在全体大会时选择教室形会场，如图 1—8—10 所示。

为了与会代表便于讨论，营造热烈的讨论氛围，分组讨论时，采用长方形中空会议室，如图 1—8—11 所示。

图 1—8—10　教室式会场

图 1—8—11　方形中空式会场

2. 会场人员安排

根据会场的客观情况，采用主席台和与会人员面对面的大小方形布局，如图 1—8—12 所示。

二、会场布置

1. 环境布置

在会场入口处放置了一个拱门，拱门上有："华荣公司 2010 年度客户联谊会暨 2011 年产品订货会"的字样，如图 1—8—13 所示。

鲜花 60 盆，分别摆放在门口两边，为红色花朵。

会场外设置悬挂彩旗和标语，烘托喜庆热烈的氛围，颜色要醒目。彩旗如图 1—8—14 所示。悬挂升空气球，底下悬挂大型条幅，如图 1—8—15 所示。

礼仪小姐在会场主入口通道两侧站立，如图 1—8—16 所示。

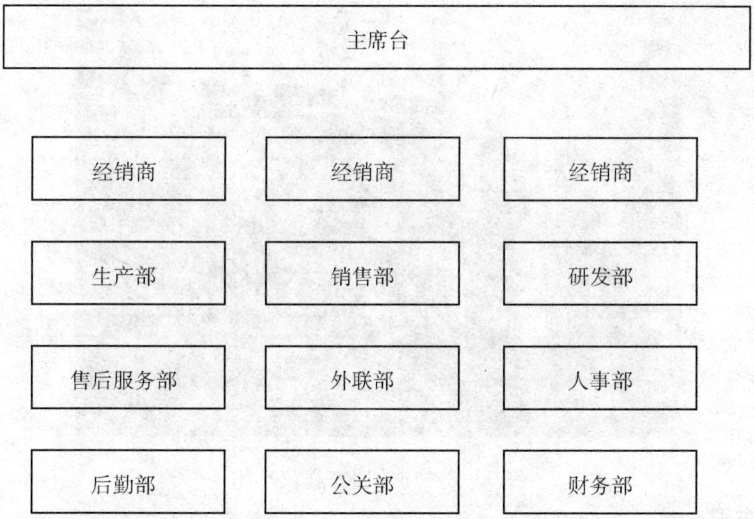

主席台		
经销商	经销商	经销商
生产部	销售部	研发部
售后服务部	外联部	人事部
后勤部	公关部	财务部

图 1—8—12　会场布局示意图

图 1—8—13　会场外的拱门

华荣十年　再创辉煌
HUA RONG SHI ZHOU NIAN QING DIAN

图 1—8—14　彩旗样式

图 1—8—15　升空气球

图 1—8—16　迎宾礼仪小姐

2. 主席台布置

（1）讲台。设置在主席台右侧，上面摆放鲜花。

（2）会标。会标一般为红底黄字，内容为会议活动的名称，会标应当悬挂在主席台上方。会场内主席台背景墙上悬挂横幅，横幅内容为“热烈祝贺华荣公司 2010 年度客户联谊会暨 2011 年产品订货会隆重召开！”如图 1—8—17 所示。

热烈祝贺华荣公司 2010 年度客户联谊会暨 2011 年产品订货会隆重召开！

图 1—8—17　会标

（3）天幕。大红色为背景色，中央悬挂公司徽标，两侧摆放旗帜。

（4）主席台。台下簇拥鲜花，台上铺红色台布，摆放领导人台签、话筒、水杯、矿泉水。主席台正前方摆放摄像机，如图 1—8—18 所示。

图 1—8—18　主席台布置效果图

三、座次安排

1. 主席台座次安排

根据公司惯例和吴总经理的要求，此次客户联谊会到主席台入座的有吴宝华总经理、吴良荣副总经理、副总经理兼财务总监王琴红、环保局牛天利副局长、北京环保设备有限公司张小山总经理等，张秘书对主席台的座次进行了安排，并在相应的位置放置了台签，如图

1—8—19 所示。

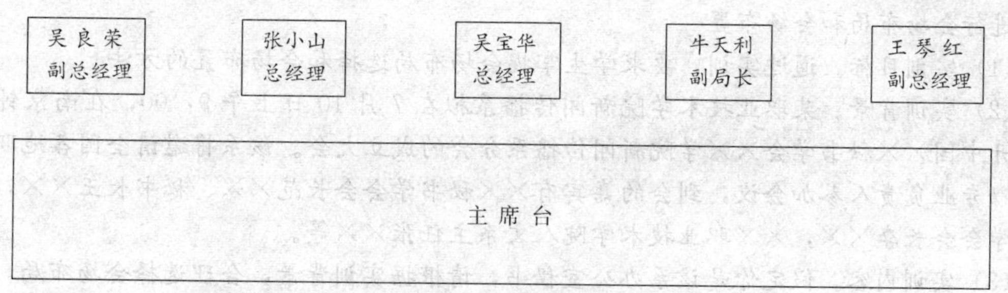

图 1—8—19　主席台座次安排

2. 与会人员座次

选用竖排法，按照既定的次序把参会的各个代表团、单位、小组的座席排成纵向的一列，再按团顺序从左到右依次横向排列。选择这种方法也应注意将正式代表或成员排在前，职位高者排在前，列席成员、职位低者排在后，如图 1—8—20 所示。

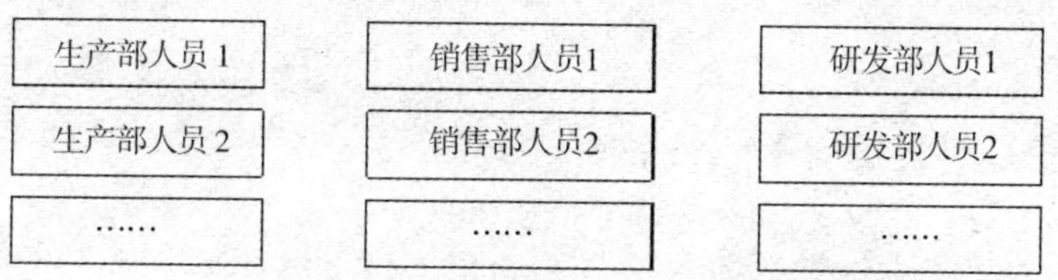

图 1—8—20　与会人员竖排法座次示意图

练习与实训

一、思考与练习

1. 不定项选择题

（1）会场的布置包括（　　）。

A. 主席台的位置　　B. 场内座位的布局

C. 座次的安排　　D. 会场装饰

（2）安排会场内人员座次时，无论是横排法，还是左右排法，都要按照参加会议人员的名单以（　　）为序。

A. 到的先后　　B. 姓氏笔画　　C. 职务的高低　　D. 名称笔画

（3）中大型会议采用大小方形和半圆形的会场布局，是为了突出（　　）。

A. 会议的发言人　　B. 会议主席团

C. 会议的绝对中心　　D. 会议民主平等的气氛

（4）确定会场的整体格局要根据（　　）。

A. 会议的规格　　B. 会议的规模　　C. 会议的性质　　D. 会议的形式

2. 问答题

（1）会场布局有几种形式？试比较每种形式的优缺点。

（2）主席台座次安排应该遵循什么原则？

二、实训

进行会场布局和会场布置

（1）实训目标。通过实训，要求学生掌握会场布局选择和会场布置的方法。

（2）实训背景。某职业技术学院新闻传播系拟在7月10日上午9：00，在南京钟山宾馆召开中国××秘书学会××学院新闻传播系分会的成立大会。该系将邀请全国各地职业院校文秘专业负责人参加会议，到会的嘉宾有××秘书学会会长范××、秘书长王××，××高教学会会长李××，××职业技术学院人文系主任张××等。

（3）实训内容。假定你是该系办公室秘书，请根据实训背景，合理选择会场布局，并对会场进行布置，对主席台座位进行合理安排。

模块二

会议服务工作

任务 1　会议接站与报到工作

学习目标

- 掌握会议接站工作原则
- 掌握会议报到工作原则与方法
- 能够做好会议接站准备工作
- 能够做好会议报到工作

任务引入

华荣公司召开的 2010 年度客户联谊会暨 2011 年度产品订货会，12 日是客户报到的日子。吴总经理要求办公室人员做好接站和报到工作，会议接站、报到工作由秘书张俪负责。

张秘书对参会人员参会回执信息进行了整理（见表 2—1—1），她要根据此信息，做好接站和报到工作的整体安排。

表 2—1—1　　参会人员信息表

姓名	公司	职务	电话	车次/航班
王铭	北江市天宇公司	总经理	13520364×××	HU4736
张小山	北京环保设备有限公司	总经理	13515922×××	T156
张兴	台州市庆阳公司	采购部业务员	15623200×××	K195
吴根林	天津环保设备总厂	厂长	13998256×××	CA6140
肖涛	南京环保设备检测中心	总工程师	13812856×××	自行前往
……	……	……	……	……

任务分析

会议接站，首先要清楚参会人员选用的交通工具，是乘船、乘汽车、乘火车，还是乘飞机，要根据不同到会途径安排不同工作人员；其次要了解参会人员的身份、职务级别的高低，在坚持平等原则的前提下，适度有所区分。到达会议地点后，要组织好报到工作，同时发放会议有关资料。

相关知识

一、会议接站

1. 统一的指挥调度系统

根据参会人员反馈的回执情况，统计出与会代表的名单，联络方式，以及飞机、火车、轮船的班次及抵达的准确时间，将其编制成一目了然的表格，即“会议代表接站安排表”（见表2—1—2），注明代表姓名、单位、职务、联系方式、车次/航班、到达（出发）时间、随行人数、接站司机和车号、接站工作人员、接站领导、接站出发地点和时间。将表格提前发放到接站的工作人员和接站领导手中，由接站的工作人员负责联系。

表2—1—2　　会议代表接站安排表

姓名	性别	单位	职务	民族	联系方式	车次/航班	出发时间	到达时间	随行人数	接站司机	接站车号	接站工作人员	接站领导	接站出发时间	接站出发地点

2. 安排足够的车辆和接站人员

根据参会人员数量、到站时间、往返周期等因素合理安排迎接车辆和迎接人员。接站人员和车辆一般以小组为单位，每个小组配备接站人员1～2名，司机1名，车辆1部。根据“会议代表接站安排表”确定的到站人数和时间，合理安排接站小组数量；多个小组之间轮流接站，前后衔接，防止出现“空当”。

3. 会前通知内容要详细

在会前通知中的回执，已由参会者填写了到达的车次（航班）、时间、人员等信息，便于组织方安排接站。还要对自备交通工具的外地参会人员，事先通过发传真或打电话的形式告知其到达报到地点的详细路线图。

4. 工具准备充分

（1）在车站、码头、机场设置接待站，并制作醒目的接站牌和条幅。

（2）接站人员还应准备好以下物品：手提式扩音器、工作证、胸卡、急救电话号码表（应包含主要航空公司、出租车公司和会议有关方的电话号码）等。

二、会议报到

报到是指参会人员在到达会议所在地时所办理的登记注册手续。热情迎接参会人员、现场运作、合理安排工作人员和良好的交通安排是会议报到和现场管理顺利进行的组成部分。

1. 引导与会代表报到的注意事项

（1）如有必要，应当查验参会人员的有效证件；

（2）报到办理人员业务要熟练，节约报到办理时间；

（3）报到人员的分配要合理，工作流程应当明确；

（4）备好会议报到须知，做到接待人员人手一份；

（5）食宿安排要留有余地，充分考虑到参会人员可能会超出预期的情况。

2. 引导与会代表报到的程序

（1）在报到处的周围设立醒目的引导牌和标志牌，标明报到的具体位置。

（2）接待人员将预先准备好的文件袋发给与会代表人员。

（3）向每位代表发放会议指南，主要内容包括：

1）会议日程安排，包括会议代表自报到之日起到会议闭幕止每日上午、下午及晚上的具体安排。

2）住房安排，包括会议代表单位、姓名、职务、住房号及电话，是女性代表、少数民族代表的需注明。

3）会议分组名单，包括会议代表总人数，各小组人数，各小组组成单位及部门名称，小组成员名单，小组召集人、联络员、会场。

4）会议秘书处的组成，包括会务小组成员名单、住房号及电话。

5）会议注意事项、作息时间表等。

（4）随时统计需订返程票的会议代表，会议期间，根据预订返程票回执和参会人员的需要安排专人负责飞机票、车票、船票的订票工作。

（5）随时统计报到人数以备领导查询，答复会议代表咨询。

（6）报到结束后，汇总有关情况报告会议秘书长，要特别注意代表变更情况和因故不能及时报到代表的情况。

会务工作人员在引导参会人员报到并发放证件、文件、材料、安排食宿之后，同时还应掌握报到情况，及时催促有关单位按时报到。对于未按时报到的单位要问明原因，并及时向组委会领导报告报到情况，向会务组提供报到名单。

三、会议签到

参加会议人员在进入会场时一般要签到，会议签到是为了及时、准确地统计到会人数，便于安排会议工作。有些会议只有达到一定人数才能召开，否则会议通过的决议无效。因此，会议签到是一项重要的会前工作．它是出席也是会中任务的重要内容之一。会议签到一般有以下几种方法。

1. 簿式签到

与会人员在会议工作人员预先备好的签到簿上按要求签上自己的姓名，表示到会。签到簿上的内容一般有姓名、职务、所代表的单位等，与会人员必须逐项填写，不得遗漏。簿式签到的优点是利于保存，便于查找。缺点是这种方法只适用于小型会议，一些大型会议，参加会议的人数很多，采用簿式签到不太方便。

2. 证卡签到

会议工作人员将印好的签到证事先发给每位与会人员，签证卡上一般印有会议的名称、日期、座次号、编号等，与会人员在签证卡上写好自己的姓名，进入会场时，将签证卡交给会议工作人员，表示到会。其优点是比较方便，避免临开会时签到造成拥挤。缺点是不便保存查找。证卡签到多用于大中型会议。

3. 会议工作人员代为签到

会议工作人员事先制定好参加本次会议的花名册，开会时，来一人就在该人名单后画上记号，表示到会，缺席和请假人员也用规定的记号表示。例如：用"√"表示到会，用"×"表示缺席，用"O"表示请假等。这种会议签到方法比较简便易行，但要求会议工作人员必须认识绝大部分与会人员，所以这种方法只适宜小型会议和一些常规性会议。对于一些大型会议，与会人员很多，会议工作人员不可能认识大部分人，逐个询问到会人员的姓名很麻烦，所以大型会议不适宜采用这种方法。

4. 座次表签到

会议工作人员按照会议模型，事先制定好座次表。座次表上每个座位按要求填上与会人员姓名和座位号码。参加会议的人员到会时，就在座次表上消号，表示出席。印制座次表，与会人员座次安排要求有一定规律，如从×号到×号是某部门代表座位，将同一部门的与会人员集中在一起，便于与会者查找自己的座次号。采用座次表签到，参加会议的人员在签到时就知道了自己座位的排数和座号，也起到了引导的效果。

5. 电子签到

电子签到快速、准确、简便，参加会议的人员进入会场时，只要把特制的卡片放到签到机内，签到机就将与会人员的姓名、号码传到中心，与会者的签到手续在几秒钟内即办完，将签到卡退还本人，参加会议人员到会结果由计算机准确、迅速地显示出来。电子签到是先进的签到手段，现在一些大型会议都已采用电子签到。

任务实施

一、接站工作

会议接站是会议报到工作的第一步。一般而言，只有跨地区的会议接待才有接站工作。对于中型会议，参会人数较多，因此，秘书要充分重视并对接站工作做相应的准备。

1. 接站准备工作

（1）组成接待小组并完善接站信息。对于参会人员比较多的会议，为了保证接站不会出现错漏的情况，要专门成立相应的接站小组，由专人负责，形成统一的指挥调度系统，并安排好信息、车辆、人员分工。

根据参会人员的情况，成立以生产部、市场与产品研发部及办公室行政人员为主的接站小组，负责接待相应的客户。接站小组成员表见表 2—1—3。

表 2—1—3　　接站小组成员表

华荣公司客户联谊会接站小组			
姓名	部门	联系电话	主要负责工作
张俪	总经理秘书	13666444×××	协调整体工作
刘正	生产部经理	13597235×××	负责接待重要客户（如主要客户公司总经理等）
王山	销售部业务员	13367975×××	负责接待客户采购部参会人员
李海勇	市场与研发部经理	13569787×××	负责接待客户研发部经理

续表

华荣公司客户联谊会接站小组			
姓名	部门	联系电话	主要负责工作
李萌	办公室	16598223×××	司机
方晓	办公室	15972000×××	司机
……	……	……	……

（2）完成接站信息。根据参会人员回执，确认相应交通工具和抵达时间后，制成《会议代表接站安排表》，见表2—1—4。

表2—1—4　　会议代表接站安排表

姓名	性别	单位	职务	联系方式	车次/航班	时间/	到达地点	接站工作人员	接站出发时间	接站出发地点	接站司机	接站车号
王天宇	男	北江市天宇公司	总经理	13520364×××	HU4736	10点30分	机场	李婷	8点30分	公司	方晓	苏A—D4587
张小山	男	北京环保设备有限公司	总经理	13515922×××	T156	17点45分	南京站	王山	16点30分	公司	李萌	苏A—34545
张兴	男	台州市庆阳公司	采购部业务员	15623200×××	K195	18点	南京站	王山	16点30分	公司	李萌	苏A—34545
吴根林	女	天津环保设备总厂	厂长	13998256×××	CA6140	21点15分	机场	肖爱锋	20点15分	公司	方晓	苏A—D4587
…	…	…	…	…	…	…	…	…	…	…	…	…

（3）确保车辆安排。在车辆安排上，要根据单位车辆的实际情况（或外租车辆的情况），以及参会代表的参会时间，合理进行分配。

根据接待工作的需要，张秘书和后勤部门进行了协商，为了确保接待工作的顺利进行，张秘书准备了5辆小轿车，3辆商务车，2辆中型客车。

（4）完善人员分工。在人员安排上，要根据会议筹备小组的分工，并结合嘉宾、与会者到达的方式，进行必要的调整和安排，保证各项工作顺利进行。见表2—1—5。

表2—1—5　　接站人员分工安排表

华荣公司客户联谊会接站小组				
负责人	部门	联系电话	参与接站成员	被接站人员
张俪	总经理秘书	13666444×××	李新	
刘正	生产部经理	13597235×××	王丽丽、苏蒙	王铭、张小山
王山	销售部业务员	13367975×××	李成、宋佳	张兴等
李海勇	市场与研发部经理	13569787×××	林玲、张璇	吴根林、肖涛
……	……	……	……	……

（5）提供详细路线图。对于无须接站，自行参会的本地以及外地与会人员，要事先制作详细的报到路线图，通过邮件、传真或打电话的形式告知。

在会议通知的附件中制作了前往会议中心详细的路线图，并制作了相应的乘车指南（参见模块一任务 5 中任务实施部分内容）。

2. 接站工具

准备好车辆、会议代表接站安排表、手提式扩音器、工作证、胸卡、醒目的接站条幅和接站牌等接站标志物品，急救电话号码表等。

接站牌有两种最基本的形式，一种是为团体和一般客户接待所准备的接站牌，一种是为重要客户单独准备的接站牌，如图 2—1—1、图 2—1—2 所示。

图 2—1—1　普通客户接站牌

图 2—1—2　重要客户接站牌

准备车辆时，要根据参会人员身份、职务级别的高低，在坚持平等原则的前提下，适度有所区分。对一般或团体客户，可提供商务车或面包车接站；对重要客户或者嘉宾，则必须提供轿车，如图 2—1—3、图 2—1—4 所示。最好有一定级别的领导参与接站。

图 2—1—3　公务车

图 2—1—4　轿车

3. 接站

接站时，要注意把握以下几个方面：

（1）对于远道而来的客人，应主动到车站、码头、机场迎接。一般应在班机、火车、轮船到达前 15 分钟赶到，这样会让经过长途跋涉到达目的地的客人不会因等待而产生不快。在出口处比较醒目的地方，高举接站牌等待客人到来，客户一出站就能看到接待牌。

（2）服饰穿着要整齐、大方，体现出公司的形象与风貌。不可过于随意。

（3）接到客户后，首先核实客户身份，以免错接。在确认客户身份以后，指引或带领客户上车或者指引或带领客户在休息地点先休息。

（4）做些力所能及的事。与到站的嘉宾简短寒暄后，应主动帮嘉宾把行李搬上汽车，车辆返途中，可以选择合适的话题跟嘉宾交流。

4. 乘车返回

乘车时一定要根据乘车人的身份及社会地位，选择适当之处就座。

双排五座轿车一般情况下，由主人亲自驾驶时，座位顺序应当依次是副驾驶座、后排右座、后排左座、后排中座，如图 2—1—5 所示。由专职司机驾驶时，座位顺序应当依次是后排右座、后排左座、后排中座、副驾驶座，如图 2—1—6 所示。

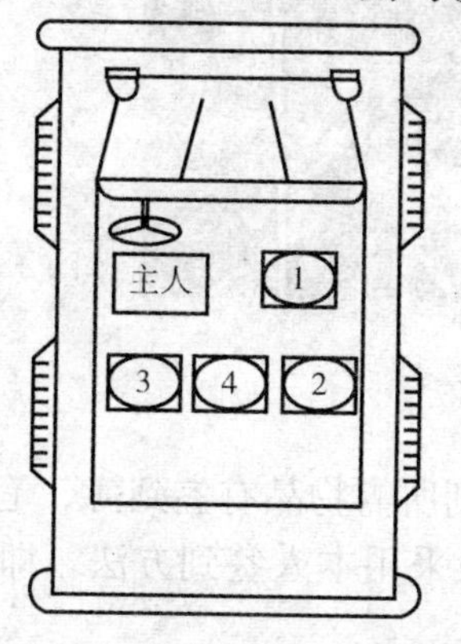

图 2—1—5 双排五座轿车

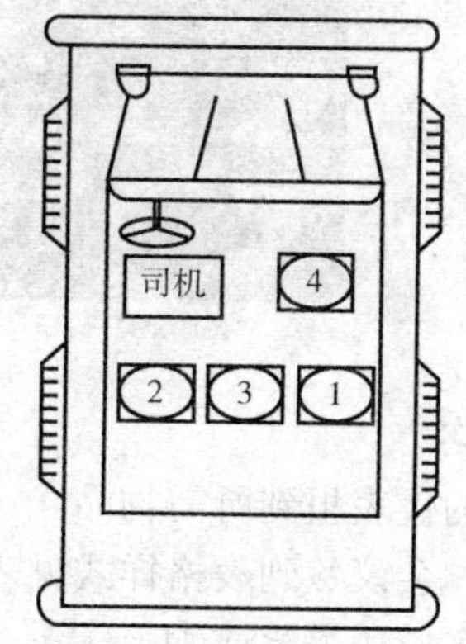

图 2—1—6 双排五座轿车

三排七座轿车一般情况下，由主人亲自驾驶时，座位顺序应当依次是副驾驶座、后排右座、后排左座、后排中座、中排右座、中排左座，如图 2—1—7 所示。由专职司机驾驶时，座位顺序应当依次是后排右座、后排左座、后排中座、中排右座、中排左座、副驾驶座，如图 2—1—8 所示。

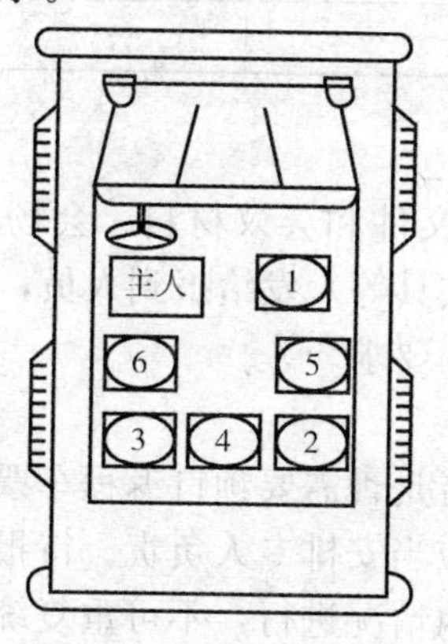

图 2—1—7 三排七座轿车

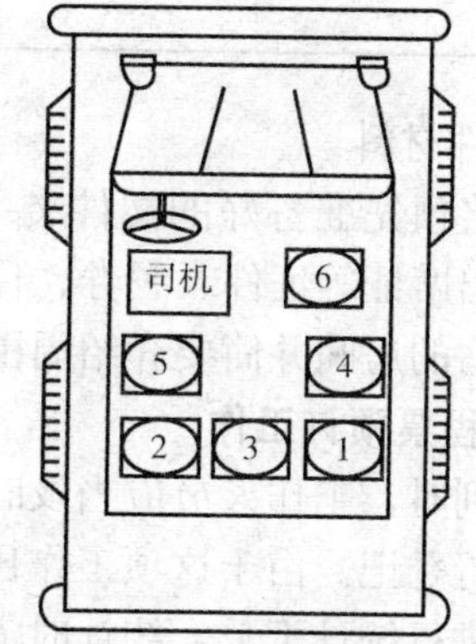

图 2—1—8 三排七座轿车

乘车返回时，除了安排好客人的座位外，在车上要和客人寒暄，不能让客人感觉到自己受冷落了。

二、会议报到

一般会议由本人签到的方式报到。做好报到工作主要有以下几个步骤：

1. 设立醒目的引导牌和标志牌

为了让与会者很方便地找到会议报到地点，在宾馆最醒目处应挂上欢迎与会者的横幅，在拐弯的位置都要放置引导牌，在报到现场也应放置标志牌，标明报到的具体位置，如图 2—1—9 所示。

图 2—1—9　报到处

2. 报到签名

准备必要的代表报到所需物品，一般情况下，报到所需物品有签到簿、笔、分发给与会者的材料袋等。会议签到表格样式见表 2—1—6，一般采用本人签到方法，即由与会者本人签名报到。签名应用毛笔或钢笔。

表 2—1—6　　华荣公司 2010 年度客户联谊会暨 2011 年度产品订货会签到表

序号	姓名	职务或职称	单位	联系电话	电子邮箱	备注
…	…	…	…	…	…	

3. 发放文件材料

接待人员将预先准备好的文件袋（包括有关会议文件和会议材料、会场座次图、代表证、工作证、出席证等证件、餐券、住宿房间号码、文具等）发给报到人员，必要时引导与会代表去所住宿的房间并简要介绍周围的情况和开会的要求。

4. 做好返程票预订工作

在接待报到时，工作人员应当及时主动询问参会者是否需要预订返程车票，并对有此需求的参会者进行登记。由于这项工作比较琐碎，因此应当安排专人负责。待报到结束后，对车票预订情况进行统计汇总，统计时需要注意结合回执情况进行，不可重复统计，也不可出现漏订。

5. 随时统计报到人数

及时统计报到人数有助于准确了解和把握会议的整体进展，并为后续工作打下基础。接待报到的工作人员应随时统计报到人数以备领导查询。

6. 汇总报到情况

报到结束后，汇总有关情况向会议主办方领导报告，要特别注意代表变更情况和因故不能及时报到代表的情况。

三、签到工作

规模较大的会议参会人员签到时最好使用电子签到卡签到，这要求会议秘书处提前根据参会人员的信息，在会前制作好电子签到卡。这样，参会人员进入会场时，用磁卡插入（接触式）专用机，或靠近（非接触式）签到机，与此相连的电脑就会自动记录和显示与会者的姓名、性别、年龄、单位、职务、代表的性质、组别、代表证编号等信息。此外，电子签到机在参会人员签到结束后还能立即统计出出席人数和缺席人数，并能随时调出这些参会人员的相关信息。

由于购买电子签到机费用昂贵，而且也不经常使用，所以临时租用技术先进的电子签到机更为经济实用。

练习与实训

一、思考与练习

1. 不定项选择题

（1）会议接站应准备（　　）等接待工具或物品。

A. 汽车　　B. 接站牌　　C. 嘉宾照片　　D. 嘉宾联系方式

（2）就双排五座轿车而言，一般情况下，由主人亲自驾驶时，嘉宾应坐在（　　）位置。

A. 副驾驶座　　B. 后排右座　　C. 后排左座　　D. 后排中座

（3）会议报到一般以签到的方式进行报到，会议签到的形式有（　　）等。

A. 秘书点名　　B. 本人签到　　C. 凭证件报到　　D. 电子签到

（4）接站牌上应写的内容（　　）。

A. 来宾姓名和乘坐的车次　　B. 来客的时间与始发站

C. 来客的地点与终点站　　D. 迎接客人的单位或会议名称

2. 问答题

（1）会议接站工作的主要步骤有哪些？

（2）会议接站时，接站人员应注意哪几个方面的问题？

（3）会议签到的形式有哪几种？试比较每种形式的适用范围。

二、实训

制订会议接站工作方案和报到工作方案

（1）实训目标。通过实训，要求学生掌握会议接站方案和报到工作方案的写作方法。

（2）实训背景。由中国腐蚀与防护学会、中国机械工程学会、中国力学学会、中国金属学会、中国航空学会和中国材料研究会联合主办的“第十六届全国疲劳与断裂学术会议”定于2010年11月10日至13日在福建厦门召开。这将是一次内容丰富、形式多样、人员广泛的学术盛会。本届会议旨在通过广泛的学术和信息交流，活跃学术思想，明确研究方向，推进我国金属疲劳与断裂研究的发展。

（3）实训内容。假定你是组委会办公室秘书，请根据实训背景，拟订一份会议接站工作方案和报到工作方案，要求格式正确、规范，要素齐全。

任务2　完成会议记录

学习目标

- 掌握会议记录的格式
- 掌握会议记录的技巧
- 能够完成一场会议记录的准备、整理等工作

任务引入

2010年12月13日上午9：00，华荣公司2010年度客户联谊会暨2011年产品订货会在江苏省会议中心——钟山宾馆报告厅隆重召开。会议由副总经理吴良荣主持，出席会议的人员有市环保局牛天利副局长、来自全国各地的客户代表以及公司所有中层以上干部，秘书张俪负责会议记录。假定你是秘书张俪，你如何完成此项工作。

任务分析

会议记录是具有一定法律效力的文字材料，是编发会议简报、会议纪要等文字材料的基础性材料。

完成会议记录要注意两点，一是格式上要素要完备，相关会议信息要齐全；二是应对会议发言内容、会场气氛等进行重点记录。

相关知识

会议记录是一种实用文体，是由负责记录的人员对会议进行情况及会上发言和决定事项所作的记载，是会议情况的真实反映。

在会议过程中，由记录人员把会议的组织情况和具体内容记录下来，就形成了会议记录。“记”与“录”略有区别。“记”有详记与略记之别。略记是记会议大要，会议上的重要或主要言论。详记则要求记录的项目必须完备，记录的言论必须详细完整。若需要留下包括上述内容的会议记录则要靠“录”。“录”有笔录、音录和影像录几种，对会议记录而言，音录、影像录通常只是手段，最终还要将录下的内容还原成文字。笔录也常常要借助音录、影像录，以保证记录内容最大限度地再现会议情景。

一、会议记录的格式

一般会议记录的格式包括两部分，一部分是会议的组织情况，要求写明会议名称、时间、地点、出席人数、缺席人数、列席人数、主持人、记录人等；另一部分是会议的内容，要求写明发言、决议、问题。这是会议记录的核心部分。

会议记录方式也分两种，一是详细具体地记录，尽量原话实录，主要用于比较重要的会议和重要的发言；二是摘要性记录，只记录会议要点和中心内容，多用于一般性会议。见格式一、格式二。

会议结束，记录完毕，要另起一行写“散会”二字，如中途休会，要写明“休会”字样。

格式一：

××××××会议记录
会议名称：×××××××××　　会议时间：××××年×月×日×时 会议地点：×××　　记录人：××× 出席与列席会议人（数）：×××、×××、×××、×××、××× 缺席人（数）：×××、×××、×××、××× 会议主持人：×××　　审阅：×××　　签字：××× 主要议题：××××××××× 发言记录： ××。 ×××××××××××××××××××××××××××××××××××××。

格式二：

××公司会议记录
会议时间：××××年×月×日×时 会议地点：××× 出席人（数）：×××（主持人）、×××、×××、×××、×××、……、×××（记录人） 缺席（数）人：×××、×××、×××、…… 会议主持人：×××（职务） 记录人：×××（职务） 会议内容记录： ×××：××××××××××××××××××××××××××××××××××。 ×××：×××××××××××××。 …… 散会（会议于×时×分结束） 主持人：×××（签名） 记录人：×××（签名） （本会议记录共×页）

二、会议记录的基本要求

会议记录要求准确、真实、清楚、完整。记录人员应当有高度的责任心，以严肃认真的态度忠实记录发言人的原意，重要的意思应记原话，不得任意取舍增删。会议的主要情况、发言的主要内容和意见，必须记录完整，不要遗漏。记录字体力求清晰易认，不要过于潦草，不要使用自造的简称或文字。基本要求如下：

1. 准确写明会议名称（要写全称），开会时间、地点，会议性质。

2. 详细记下会议主持人、出席会议应到和实到人数，缺席、迟到或早退人数及其姓名、职务，记录者姓名。如果是群众性大会，只要记参加的对象和总人数，以及出席会议的较重要的领导成员即可。如果是重要的会议，出席对象来自不同单位，可根据签名簿，补充出席者的姓名、单位、职务等。

3. 忠实记录会议上的发言和有关动态。会议发言的内容是记录的重点。其他会议动态，如发言中插话、笑声、掌声，临时中断以及别的重要的会场情况等，也应予以记录。

记录发言可分简易记录、摘要记录和详细记录三种。简易记录即除了记录会议概况外，只要求记录会议的议题议程和会议的结果，不必记发言的内容和经过，但仅限于事务性会议。多数会议只要记录发言要点，即把发言者讲了哪几个问题，每一个问题的基本观点与主要事实、结论，对别人发言的态度等，作摘要式的记录，不必“有闻必录”。某些特别重要的会议或特别重要人物的发言，需要记下全部内容。有录音机的，可先录音，会后再整理出全文；没有录音条件，应由速记人员担任记录；没有速记人员，可以多配几个记得快的人担任记录，以便会后互相校对补充。

4. 记录会议的结果，如会议的决定、决议或表决等情况。会议记录要求忠于事实，不能夹杂记录者的任何个人情感，更不允许有意增删发言内容。会议记录一般不宜公开发表，如需发表，应征得发言者的审阅同意。

此外，会议记录前，要做好相关准备工作，如熟悉会议情况和文件、熟悉与会人员、熟悉会议环境、做好物质上的准备等。

三、会议记录的重点

会议记录应该突出的重点有：

1. 会议中心议题以及围绕中心议题展开的有关活动。

2. 会议讨论、争论的焦点及其各方的主要见解。

3. 权威人士或代表人物的言论。

4. 会议开始时的定调性言论和结束前的总结性言论。

5. 会议已议决的或议而未决的事项。

6. 对会议产生较大影响的其他言论或活动。

四、会议记录的整理

会议记录的整理原则

（1）忠实于讲话人、发言人的原意。

（2）保持讲话人、发言人的风格。

（3）要整理得完整、全面，不仅会议内容、讲话人主要精神、关键句子不能遗漏，而且重要的插话、会场动态如表决等都要有记录。

（4）整理时要做到层次分明，段落清楚，语句通顺，标点正确、字迹清晰，避免错别字。

（5）会议记录整理出来后，如果是一个人的讲话记录，应送讲话者本人、会议主持人或召集人审阅。

（6）录音记录稿的整理，要注意辨别讲话人的声音，不能张冠李戴。

任务实施

华荣公司准备召开的客户联谊会暨产品订货会对公司未来的发展非常重要，因此要做好会议记录工作。要做好一次会议记录，一般有以下几个步骤：

一、必要的准备

做会议记录，准备工作做得充分不充分直接影响着会议记录的效果。

华荣公司的秘书为了做好此次会议记录，做了充分的准备，准备了录音笔 4 个、笔 5 支、记录本和草稿纸若干，如图 2—2—1 所示。

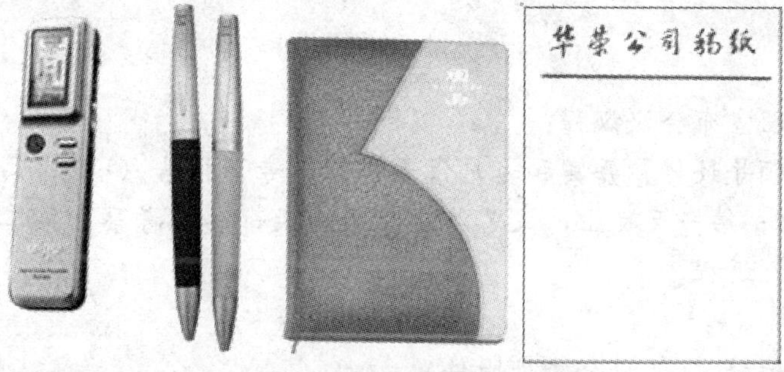

图 2—2—1　会议记录所需物品材料

除了上述物品材料以外，为了进一步做好会议记录，张秘书还准备了会议议程、会议日程、与会人员名单等材料。

二、在会议上进行录音及基本记录

掌握会议记录的基本要求、记录的重点和记录的技巧，在会议正式开始后，要使用录音笔进行会议录音，然后在草稿纸上利用一快、二要、三省、四代的方法进行记录。

一快，即记得快。字要写得小一些、轻一点，多写连笔字。要顺着肘、手的自然趋势，斜一点写。

二要，即择要而记。就记录一次会议来说，要围绕会议议题、会议主持人和主要领导同志发言的中心思想，与会者的不同意见或有争议的问题、结论性意见、决定或决议等做记录。就记录一个人的发言来说，要记其发言要点、主要论据和结论，论证过程可以不记。就记一句话来说，要记这句话的中心词，修饰语一般可以不记。

三省，即在记录中正确使用省略法。如使用简称、简化词语和统称。省略词语和句子中的附加成分，比如“但是”只记“但”，省略较长的成语、俗语、熟悉的词组，句子的后半部分，画一曲线代替，省略引文，记下起止句或起止词即可，会后查补。

四代，即用较为简便的写法代替复杂的写法。一可用姓代替全名，二可用笔画少、易写的同音字代替笔画多、难写的字；三可用一些数字和国际上通用的符号代替文字；四可用汉语拼音代替生词难字；五可用外语符号代替某些词汇，等等。但在整理和印发会议记录时，均应按规范要求办理。

三、对会议记录进行整理

根据会议记录整理的原则和会议记录的基本格式，对会议记录进行整理。在整理时，要根据会议录音的内容在草稿上将会议记录进行补充和完善，最后形成会议记录。会议记录如下：

华荣公司客户联谊会记录

会议时间：2010 年 12 月 13 日上午 9：00

会议地点：江苏省会议中心——钟山宾馆中山报告厅

主持人：吴良荣（副总经理）

记录人：张俪（秘书）

出席人员：吴良荣副总经理、吴宝华总经理、环保局牛天利副局长、客户代表、各部门经理、张俪

会议主要内容：

吴良荣副总经理宣布会议议程：

第一天上午，领导致辞、嘉宾和客户代表讲话、专题报告（一）；第一天下午，专题报告（二）、产品预订；第一天晚上，文艺演出。第二天，参观考察；第二天晚上，吴总经理宴请宾客。第三天，返程。

吴宝华总经理致辞：（致辞全文见附件）

1. 对光临会议的各级领导、各位来宾、各界朋友表示热烈的欢迎和衷心的感谢。

2. 对 2010 年公司销售情况进行总结。

3. 展望未来。

牛天利副局长：

1. 欢迎来自全国各地的环保产品企业的代表来到南京参加华荣公司的客户联谊会。

2. 对华荣公司 2010 年生产、销售超额完成任务表示衷心的祝贺；并对华荣公司以后的生产销售提出要求，希望华荣公司进一步提高产品质量和服务，争取更多的市场份额，争取创建全省乃至全国环保产品龙头企业。

3. 希望经销商、广大客户一如既往地支持华荣，关注华荣的发展、关注华荣的产品。

张小山（北京环保设备有限公司总经理）：

1. 对华荣公司 2010 年生产、销售超额完成任务表示衷心的祝贺。

2. 代表经销商、客户表示，将会一如既往地支持华荣，关注华荣的发展、关注华荣的产品，和华荣加强合作。

3. 祝华荣的事业蒸蒸日上。

吴宝华总经理作专题报告：

1. 华荣公司环保产品生产报告（略）。

2. 2011 年国内外环保产品形势分析报告（略）。

会议于上午 11：20 结束。

（说明：上午会议于 11：30 结束，下午 13：30 开始）

主持人：

记录人：

附件 1

吴宝华总经理在客户联谊会上的欢迎词

尊敬的业务单位的各位代表，

女士们、先生们、朋友们：

大家上午好！在满怀豪情迎接新的一年到来之际，我们在这里隆重召开 2010 年度客户联谊会暨 2011 年产品订货会，与各位朋友欢聚一堂、共叙友谊，我心里感到非常高兴。首先，我谨代表公司全体员工，对各位的到来表示热烈的欢迎，对各位的热情参与致以诚挚的谢意！

即将过去的一年，在包括在座各位朋友的关心、支持下，我们华荣公司超额完成各项生产、经营任务，环保产品产量、销售收入、利润、利税等均创历史新高，使企业产能进一步增大。同时，我们企业内部管理不断深化，科技开发卓有成效，节支降本成果显著，人才培养、综合保障、精神文明建设等各项工作均开创全新局面，"科技强企"战略稳步推进。

过去的一年，各位经销商、各位朋友与我们荣辱与共，风雨同舟，努力克服环保产品市场疲软、需求不旺的不利局面，着力寻找客户，尽心尽力推销产品，增加了华荣产品的市场占有量，维护了华荣良好的品牌形象。借此机会，请允许我向各位朋友表示最诚挚的谢意，感谢大家长期以来对华荣建设发展给予的大力支持和帮助。

在新的一年里，我们愿意一如既往地与在座各位加强合作，增进感情，互惠互利，共同开创事业发展的大好局面。在新的一年创造更加辉煌的成就。

最后，祝各位新老朋友身体健康、生意兴隆！

华荣公司总经理：吴宝华

2010 年 12 月 13 日

四、审核签名

会议记录整理结束，必须交由主持人审核并签名，最后记录人也应在相应的位置签名。

张秘书将整理好的会议记录交给吴良荣副总经理审核，吴良荣副总经理审核后，并在会议记录文末主持人签名处签上了自己的名字，秘书张俪拿到吴良荣副总经理签好字的会议记录后，在文末记录人签名处签上了自己的名字。至此，张秘书完成了此次会议记录的任务。

如图 2—2—2 所示。

会议于上午 11：20 结束。

（说明：上午会议于 11：30 结束，下午 13：30 开始）

主持人：吴良荣

记录人：张　俪

图 2—2—2　会议记录签名

练习与实训

一、思考与练习

1. 不定项选择题

（1）会议记录通常记在事先印好的会议记录纸上，作为资料保存，以便日后备考和存档，因此会议记录具有（　　）特点。

A. 时效性　　B. 预见性　　C. 纪实性　　D. 资料性

（2）会议记录原稿通常要（　　）。

A. 予以销毁　　B. 统一编号　　C. 进行复制　　D. 装订成册

（3）会议记录漏记的内容可以根据（　　）在会后进行补充修正。

A. 记录员的记忆　　B. 录音　　C. 与会者的笔记　　D. 主持人的意图

（4）会议记录应（　　）。

A. 将会议内容一字不漏地记录下来　　B. 长期保存

C. 由专人负责保管　　D. 统一编号

2. 问答题

（1）会议记录的基本要求有哪些？

（2）会议记录的重点有哪些？

（3）会议记录的整理原则有哪几点？

（4）会议记录的写作技巧有哪几个方面？

二、实训

撰写会议记录

（1）实训目标。通过实训，要求学生掌握做会议记录的一般方法和要求。

（2）实训背景。百脑公司 2010 年 9 月 1 日在公司会议室召开公司各部门主任参加的项目会议，会议由公司副总经理马燕玲主持，办公室秘书齐迎峰记录。

（3）实训内容。假定你是公司办公室秘书，在召开会议期间，总经理安排给你的主要工作就是做会议记录。按照实际情况演练做会议记录。根据实际情景，演练做会议记录的过程。

任务3 编写会议简报

学习目标

- 掌握会议简报的格式
- 掌握会议简报的编写方法
- 能够编写会议简报

任务引入

华荣公司2010年度客户联谊会暨2011年产品订货会于2010年12月12日至15日在江苏省会议中心——钟山宾馆举行。会上首先由总经理吴宝华致欢迎词，接着环保局牛天利副局长、北京环保设备有限公司张小山总经理分别讲话，紧接着由吴宝华总经理作了专题报告，最后与会代表对2011年产品进行了了解并预订。

请以华荣公司总经理办公室的名义拟写一份会议简报。

任务分析

会议简报是会议信息传递的最主要形式，是对会议情况、会议内容的简明扼要的报告。编写会议简报要注意及时、简明，以“千字文”为宜。会议简报的写作要抓准问题，有的放矢；要材料准确，内容真实；要简明扼要，一目了然；要讲究时效，反应迅速；内容实在，不要空洞。

相关知识

会议简报是简报的一种，是党政机关、人民团体、企事业单位广泛使用的一种事务文书。它是指在会议期间为反映会议进行情况，包括与会人员在讨论中提出的意见、建议以及会议的决定事项而编写的简明扼要的报告，又称“动态”“简讯”“要情”“摘报”“工作通讯”“情况反映”“情况交流”“内部参考”等。也可以说，会议简报就是简要的调查报告，简要的情况报告，简要的工作报告，简要的消息报道等。

会议简报便于领导了解情况，推动会议深入进行；便于沟通情况，交流经验；便于备考存查归档。由此可见，会议简报的重要性。

一、会议简报的特点

会议简报有些近似于新闻报道，特点主要体现在简、快、新、真四个方面。

“简”是最重要的特点，指内容集中、篇幅短小、提纲挈领、不枝不蔓，无关的东西不说，一般性的东西少说，专业性的东西多说。

“快”是报道迅速及时。简报写作要快，尽量让读者在第一时间了解到最新的现实情况。

“新”是指内容的新鲜感。简报如果只报道一些司空见惯的事情，就没有多大价值和意义了，而是要报道新事物与新情况、反映新动向与新趋势、宣传新思想与新典型。

“真”是简报的本质特性，指内容真实准确，用事实说话。简报所反映的内容、涉及的情况，必须严格遵循真实性原则，时间、地点、人物、事件、原因、结果，所有要素都要真实，所有的数据都要确凿。虚构编造不行，移花接木、添枝加叶也不行。

此外，简报一般在编报机关管辖范围内各单位之间交流，不宜甚至不能公开传播，特别是涉外机关和行政机关主办的会议简报更是如此。有的会议简报，往往是专给某一级领导人看的，有一定的保密要求，不能任意扩大阅读范围。

二、会议简报的写法

会议简报一般由会议秘书处或主持单位编写。规模较大、时间较长的会议常要编发多期简报，以起到及时交流情况、探讨问题、沟通联系、指导工作的作用。小型会议一般是一会一期简报，常常在会议结束后，写一期较全面的总结性的情况反映。

会议简报通常由报头、报核（正文）、报尾三部分构成，如图 2—3—1 所示。

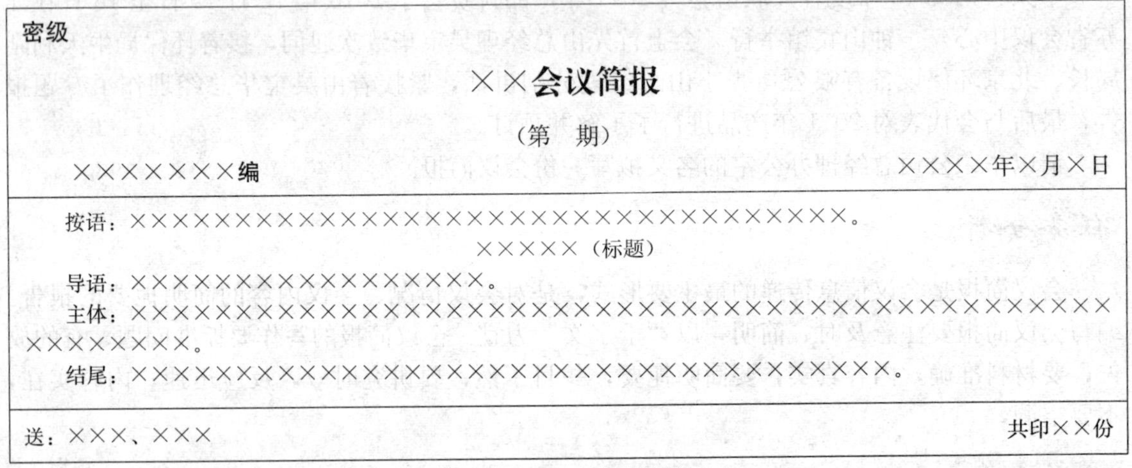
密级

××会议简报

（第　期）

×××××××编　　　　××××年×月×日

按语：×××××××××××××××××××××××××××××××。

×××××（标题）

导语：×××××××××××××××。

主体：××
×××××××。

结尾：×××××××××××××××××××××××××××××××××。

送：×××、×××　　　　共印××份

图 2—3—1　会议简报简易结构图

1. 报头

（1）简报名称一般用套红印刷的大号字体。如有特殊内容而又不必另出一期简报时，就在名称或期数下面注明“增刊”或“××专刊”字样。秘密等级写在左上角，也有的写“内部文件”或“内部资料，注意保存”等字样。

（2）期号，写在名称下一行，用括号括上。

（3）编印单位与印发日期，两者在同一行，前者居左，后者居右。

在下面，用一道横线将报头与报核隔开。

2. 报核

报核，即简报所刊的一篇或几篇文章。简报的写法是多种多样的，因此，它的形式也较灵活。大多数是消息，包括按语、标题、导语、主体、结果和穿插在叙述中的背景材料。除了消息，还有别的文体，所以，不是每篇简报都有这几项内容。

（1）按语，即对整个会议的情况做大概的说明。

（2）简报的标题类似新闻的标题，要揭示主题，简短醒目。简报正文标题在报头横线之下居中书写，如果需要，也可以使用副标题。使用两个标题时，正标题是虚题，用以概括全文的思想意义或者内容要点，副标题是实题，用以交代单位及事件，对正标题起补充说明的作用。

（3）导语通常用简明的一句话或一段话概括全文的主旨或主要内容，给读者一个总的印象。导语的写法多种多样，有提问式、结论式、描写式、叙述式等。导语一般要交代清楚谁（某人或某单位），什么时间，干什么（事件），结果怎样等内容。

（4）主体用足够的、典型的、有说服力的材料，把导语的内容加以具体化。写作时要注意合理地划分层次，一般来说，主体层次的划分常有两种：一是以时间先后为序，把材料按照事件由发生、发展到结局的过程，逐层予以安排，这种写法多用于典型事件及一次性全面报道某一会议的简报，其优点是时序清楚、一目了然；二是按事物之间的逻辑关系，从材料的主从、因果、递进等关系入手，安排层次，这种写法的优点是便于揭示、表现事物的内在本质，突出主要内容和思想意蕴。

（5）结尾或总结全文内容、点明文旨，或指明事情发展趋势，或提出希望及今后打算。是否要结尾，要根据简报内容表达的需要而定。如果简报内容较多，篇幅较长，读者不易把握，就应在结尾概括一下；如果简报内容单一，篇幅较短，且在主体部位已把话讲完，就不必另写结尾。

（6）背景，即对人物、事件起作用的环境条件和历史情况。背景可以穿插在各个部分。

3. 报尾

在简报最后一页下部，用一横线与报核隔开，横线下左边写明发送范围，在平行的右侧写明印刷份数。

任务实施

完成会议简报的基本步骤如下：

一、确定简报的编发期数、时间与主要内容

在会议正式开幕之前，应当制定专人负责简报工作。本任务中由秘书张俪负责编发简报，应根据会务组确定的日程，事先对会议的简报编发期数、时间与主要内容作出大致的安排，见表2—3—1。

表2—3—1　　会议简报编发安排表

期数	编发时间	主要内容
第1期	12月12日晚	会议筹备情况、报到情况
第2期	12月13日晚	第1天日程开展情况（大会情况、分组讨论情况等信息）
第3期	12月14日晚	第2天日程开展情况（参观、参会人员感想等）

二、采编简报文章

简报文章的来源主要有两个，一是编辑选择会议现成的文件，例如开幕词（闭幕词）等，二是编制人员亲自采访写作相关报道，例如会议开幕消息、参观活动消息等。

在会议进行当中，秘书应注意随时收集会议相关文件，考虑哪些文件可以在简报中直接使用；同时还应积极收集相关信息，撰写报道消息，具体的写作知识可参看相关书籍。

三、编辑简报

根据会议进行情况，华荣公司秘书制作了如下的会议简报。

华荣公司 2010 年度客户联谊会暨 2011 年产品订货会

会议简报

（第×期）

华荣公司总经理办公室编　　　　　　　　　　　　　　2010 年 12 月 13 日

华荣公司 2010 年度客户联谊会暨 2011 年产品订货会，于 2010 年 12 月 12 日至 15 日在江苏省会议中心——钟山宾馆隆重召开。

总结过去　展望未来　明确方向　振奋精神　落实举措

——华荣公司召开 2010 年度客户联谊会暨 2011 年产品订货会

为了答谢广大客户对公司的支持，听取客户对公司产品的意见和建议，确定次年产品订购情况，华荣公司 2010 年度客户联谊会暨 2011 年产品订货会，于 2010 年 12 月 13 日如期召开。参加会议的有来自全国各地的客户代表共 300 多人，公司总经理吴宝华、公司中层以上干部出席了会议，市环保局牛天利副局长应邀参加了会议，并作了重要讲话。

一、公司吴宝华总经理致辞

吴宝华总经理首先对光临会议的各级领导、各位来宾、各界朋友表示热烈的欢迎和衷心的感谢；接着，他对 2010 年公司生产、销售情况作了简要的总结；最后，他衷心希望能和与会代表精诚合作，共创美好未来。

二、牛天利副局长讲话

牛副局长对来自全国各地的环保产品企业的代表来到南京参加华荣公司的客户联谊会表示欢迎，对华荣公司 2010 年生产、销售超额完成任务表示衷心的祝贺，并对华荣公司以后的生产销售提出了要求，希望华荣公司进一步提高产品质量和服务，争取更多的市场份额，争取创建全省乃至全国环保产品龙头企业。最后，牛副局长希望经销商、广大客户一如既往地支持华荣，关注华荣的发展、关注华荣的产品。

三、北京环保设备有限公司总经理张小山作为客户代表讲话

张小山总经理首先对华荣公司 2010 年生产、销售超额完成任务表示衷心的祝贺。他代表经销商、客户表示，将会一如既往地支持华荣，关注华荣的发展、关注华荣的产品，和华荣加强合作。最后，他祝华荣的事业蒸蒸日上。

四、吴宝华总经理作专题报告

吴总经理首先对华荣公司 2010 年度环保产品生产情况作了报告。在报告中吴总经理介绍了华荣公司的基本情况，对华荣公司 2010 年在生产和销售方面取得的成绩以及在生产、经营方面存在的一些不足进行了总结。接着，吴总经理就 2011 年国内外环保产品形势进行了精辟的分析。最后，他代表公司向与会代表表示，一定加强管理，努力提高产品和服务质量，更好地为大家服务。

此次客户联谊会暨产品订货会全面总结了公司 2010 年度的生产和销售工作，并对 2011 年生产和销售工作进行了布置，提出了 2011 年公司工作的要求，明确了 2011 年公司生产销售的目标，解答了与会客户提出的关于产品质量和售后服务等方面的问题。为下一步做好生产和销售工作，打下了基础，做好了准备。

送：市环保局、市质量监督局，各部门　　　　　　　　　　　　共印 120 份

四、发放简报

简报完成编辑、印刷、装订等一系列环节后，应当及时向参会者发放。发放时可以人手一份。如果参会人员较多，也可以根据会议分组情况，每组若干份；或按照住宿情况，每个房间1份。在本任务中，由于人员数量较多，且分组不明显，因此可以按照住宿房间分发。分发时应当注意不能漏发、重发，可以使用发放登记表（见表2—3—2）统计发放情况。

表2—3—2 会议简报发放登记表

简报期数	房间号	发放份数	接收签字
第1期	601	1	王小山
……	……	……	……

练习与实训

一、思考与练习

1. 不定项选择题

（1）根据内容性质不同，简报可分为工作简报、会议简报和（　　）。

A. 情况简报　B. 敌情简报　C. 专题性简报　D. 综合性简报

（2）对于简报的标题，应做到（　　）。

A. 写明发文机关名称、事由、文种　B. 写明主编单位与文种

C. 概括揭示简报主题　D. 用套红大字排印，反映简报类型

（3）简报不具有以下哪一特点？（　　）

A. 连续性，大部分简报需连续分期印发　B. 明确的针对性

C. 简明，简报贵在“简”　D. 快速，有强烈的时间性

（4）简报的主体部分是报核，完整的报核包括（　　）。

A. 按语和标题　B. 导语　C. 主体　D. 结尾

（5）简报的报尾（　　）。

A. 应用横隔线与报核分开　B. 可视具体情况进行取舍

C. 是简报的必备部分　D. 是对全文的归纳与总结

（6）简报完整的报尾应包括（　　）。

A. 抄送单位　B. 抄报单位　C. 送发单位　D. 印刷数量

2. 问答题

（1）请写出简报的特点和类型。

（2）请写出简报结构与写法以及注意事项。

二、实训

制作会议简报

（1）实训目标。通过实训，要求学生掌握编制会议简报的一般方法和要求。

（2）实训背景。2005年3月25日，××市召开共产党员先进性教育活动工作会议。会议由市委常委、宣传部部长、市委先进性教育活动领导小组副组长刘腾发主持。××市委第二督导组、市委先进性教育活动办公室有关负责同志，参加第一批先进性教育活动的党委书

记、党组书记、先进性教育活动办公室主任，各党支部书记、市委各督导组成员共400多人参加了会议。会议主要内容：(1) 传达胡锦涛总书记视察贵州时的重要讲话精神；(2) 传达中央组织部部长、中央先进性教育活动领导小组组长贺国强，中央纪委副书记、中央先进性教育领导小组副组长夏赞忠等中央领导同志讲话精神；(3) 市教育局、市林业局、市粮食局、××地质大队、市劳动和社会保障局、市交通工程建设有限公司等党组织作典型发言；(4) ××市委第二督导组组长叶礼熙同志讲话；(5) 市委副书记、组织部部长、市委先进性教育活动领导小组副组长黄苏福同志讲话。××市委第二督导组组长叶礼熙同志在讲话中肯定了××市先进性教育前一阶段的成效，对分析评议阶段工作提出了五点要求：一是充分认识开展分析评议的重要性，扎实做好各项工作；二是高标准、严要求，确保分析评议阶段的高质量，有实效，重点抓好征求意见、撰写党性分析材料、开好专题组织生活会和民主生活会等三个关键环节；三是领导要带头；四是要将学习贯穿分析评议阶段整个过程；五是把好转段关。已完成学习任务的可以转段，没有完成学习任务的要"先补后转"。市委副书记、组织部部长、市委先进性教育活动领导小组副组长黄苏福同志在讲话中总结回顾了前一阶段工作，要求扎实做好第一阶段"回头看"工作，并对下一阶段分析评议工作做出部署，要求各级党组织要围绕广泛征求意见、开展谈心活动、撰写党性分析材料、开好专题组织生活会和民主生活会、进行民主评议、向党员反馈评议意见、通报评议情况等七个环节认真抓好落实。黄副书记强调指出，做好分析评议阶段工作，要注意把握好征求意见要真心、存在问题要找准、分析评议要落实、群众参与要保证、存在问题要解决等问题。

(3) 实训内容。请根据上述材料，写一份简报文稿。

任务4　处理会中突发事件

学习目标

- 了解会议期间突发事件的内容
- 掌握会议期间处理突发事件的方法
- 能够正确地处理会议期间的突发事件
- 能够制定会议的应急预案

任务引入

华荣公司2010年度客户联谊会暨2011年产品订货会如期召开。13日上午，正当市环保局牛副局长讲话时，会场上一位年纪较大的客户代表突然晕倒，会场上一片骚动。为了不影响会场的秩序，吴宝华总经理要求秘书张俪立即去处理这件事情。

针对这种突发事件，会议组织者应提前做怎样的工作，应如何处理该事件？

任务分析

突发事件在一般大中型会议中都有可能发生。为了避免这类事情的发生或者能够合理地处理事件，首先要了解突发事件的内涵，掌握会议突发事件的类型和预防应对措施，并在会议前做好预案工作。

相关知识

一、突发事件的内涵

1. 突发事的定义

突发事件可被广义地理解为突然发生的事情，第一层的含义是事件发生、发展的速度很快，出乎意料；第二层的含义是事件难以应对，必须采取非常规方法来处理。

会议突发事件是指会议过程中发生的、无法预料、难以应对的，必须采取非常方法来处理的事件。

2. 突发事件的特点

突发事件具有如下特点：

(1) 突发性。突发事件的突发性是指对于突发事件是否发生，什么时间、地点发生，以什么样的方式发生以及发生的程度等情况，人们都始料未及，难以准确地把握。

(2) 危害的严重性。突发事件造成的损害有直接损害和间接损害。这种损害性不仅体现在人员的伤亡、财产的损失和环境的破坏上，而且还体现在突发事件对社会心理和个人心理所造成的破坏性冲击，进而渗透到社会生活的各个层面上。

(3) 变化发展的不确定性。突发事件发生后，事态的变化、发展趋势以及事件影响的深度和广度不能事先描述和确定，是难以预测的。

(4) 处置的紧迫性。紧迫性是指突发事件所反映的问题极端重要，关系到社会、组织或个人的安危，需紧急采取特别措施及时有效地处理。随着突发事件的发展、演变，它所造成的损失可能会越来越大。因此，对突发事件的反应越快，反应决策越准确，突发事件所造成的损失就会越小。

(5) 广泛的影响性。突发事件发生后，人们除了关注伤亡人数外，还密切关注事故发生原因、时间、地点等情况，从中得到的启示、总结出的经验教训等，从而避免此类事件重演。

二、会议突发事件的类型和预防应对措施

突发事件的类型、预防和应对措施见表 2—4—1。

表 2—4—1　　会议应急方案的内容和应对措施

突发事件类型	突发情况	预防和应对措施
人员问题	发言人、参加者或关键代表缺席或无法按时到会，致使会议无法按时开始，或者造成参会人数不足，从而影响会议的规模、财务收支和公共关系	发言人不能按时到会，可以考虑替代，甚至临时修改会议议程；可临时额外给每位发言人 10 分钟自由提问时间，以弥补发言人的缺席
健康与安全问题	突发火灾、地震等危险事件，安全通道和消防通道不畅通；某些参会人员患有严重的或高度传染的疾病；由于天气等原因导致参会人员休克、突发心脏病、脑溢血等危重病情；参会人员出现食物中毒等	要加强会前的检查，必要时要组织应对突发性的火灾、地震等各种灾害的演习，要派专门人员负责把守安全通道，有条件的单位应充分利用会场的监控摄像系统，以便随时掌握会场的方方面面和各种突发情况。此外，各种大中型会议事先应安排好医术一流的医护人员在会场应急，同时还要加强会议的值班工作

续表

突发事件类型	突发情况	预防和应对措施
行为问题	发言人行为不当或某些参会人员行为不当等	审核发言人以往的情况，并在发言前加强与其沟通与交流，必要时请某些行为不当者暂时离开会场
设备问题	会场的扩音设备、灯光、投影机或录音录像设备等缺少或出现故障	加强会前检查与调试，准备好紧急维修师的姓名、电话和地址，还应详细了解本地可以租到或购买相应设备的公司的名称、电话和具体地址
场地问题	制冷、取暖设备或通风系统出现故障，有时会议场所会因某种原因不可使用，这就需要临时找替代的场所	会前要准备好紧急维修师的姓名、电话和地址，发生问题及时与之联系。如果会议场所因某种原因不可使用，可临时找附近的大礼堂、电影院、剧院和报告厅等应急
资料问题	参会人员超出既定人数，或是由于会议资料印刷质量欠佳可能造成会议资料不足的问题；有时由于各种原因，可能致使会议资料无法按时送到会议地点	秘书要随身带一份会议活动安排及会议需要使用文件的原稿，以便在会场附近随时复印，若会议资料无法按时送到会场，秘书应及时通知有关人员并催促相应的工作人员
应急人员	对可能出现的问题缺乏预见，未能安排相应的人员和物资，造成问题扩大	会前和会中提醒应急组织和人员随时做好工作准备，并备有其联系方式
车辆短缺	在接站、送站以及会场转场时，车辆短缺造成参会人员长时间等待，影响会议进程	加强会前检查，备有足够的应急车辆，提醒司机随时做好准备，并备有其联系方式
指挥混乱	会议的组织协调出现问题，会议流程衔接不当，会议信息无法及时进行传递	会前进行适当的突发事件演练和模拟，检验会议指挥沟通系统的灵敏性

三、处置突发事件的基本要求

如果在会议召开期间发生突发事件，应注意做到以下几点：

1. 及时报告。突发性事件发生之后，会场有关的工作人员要马上将事件发生的时间、地点、经过、危害程度等情况及时向单位的领导报告，涉及某些部门的事件先向其部门领导报告，然后再向单位的主管领导汇报。

2. 提前采取应急处置措施。必要时应拨打救护、消防等单位的电话，迅速组织人员急救，组织保护现场，积极抢险救灾。做好赴现场所需物品的保管和日常维护工作。

3. 妥善处理善后工作。事件（事故）处理工作结束后，写出事件（事故）处理经过，报领导审阅后归档。

4. 处理突发事件，既要大胆、果断，又要注意细致、稳妥。

任务实施

一、制订会议突发事件处理方案

张秘书根据以往会议的情况，考虑到此次会议可能发生的一些事情，在会前就制订了会议突发事件处理方案。

华荣公司客户联谊会突发事件处理方案

为确保2010年度客户联谊会安全、有序地召开，严防各类事故的发生，把损失降低到最低程度，根据会议的相关情况，特制订此次会议突发事件处理方案。

一、发生火灾事故

1. 当火源不大时，当事人或目击者应及时采取恰当的灭火措施，并向后勤与保卫组组长和会议中心保安领班报告。

2. 重大火情则应立即向119报警，向总经理和会议中心领导报告，并通知会议中心保安员立即拉闸，切断楼层总电源。

3. 协助会议中心保安员、后勤与保卫组成员组织客人有序疏散，撤离火场。

4. 在保证安全的前提下，配合消防人员救火。

5. 事后，相关人员应积极配合有关部门，有组织地进行事故调查。

二、发生被盗案件

1. 应由当事人或目击者立即报告会议后勤与保卫组，后勤与保卫组应立即报告主管领导；

2. 当事人、目击者和后勤与保卫组成员应配合保卫部门或公安部门进行调查取证工作，积极提供线索；

3. 行政部门相关工作人员应立即到达现场，及时处理。

三、发生重大疾病

应由当事人或目击者立即报告会议后勤与保卫组，后勤与保卫组组织医疗组医生对病人进行急救，同时将病人的情况向总经理汇报。如遇特殊情况，要及时将客人送医院抢救，并拨打120，并通知病人家属或单位同事。

四、突然停电

如果在会议中突然停电，应先控制现场秩序，告诉大家不要慌乱；同时，指派专人做好现场所需物品的保管和维护工作；立即与会议中心联系，请求他们的支持和配合。

二、会议突发事件处理

会场上年龄较大的客户晕倒后，根据处理方案，张秘书立即将情况报告给吴宝华总经理，请求指示。接到指示后，进行以下安排：

1. 立即通知会议医疗组医生赶到现场急救。

2. 自己和当日值班工作人员立即赶到会场。

3. 一方面维持会场秩序，一方面协助会议医疗组医生进行抢救。

4. 通知客房，将房间门打开。经过抢救后，如果没有重大问题，就送与会者回房间休息。

5. 根据抢救情况，如果病情严重，随时准备与急救中心和与会者单位或家人联系。

6. 关注病人的情况，随时向总经理汇报病人的病情和急救情况，请求领导指示。

练习与实训

一、思考与练习

1. 不定项选择题

(1) 突发事件具有以下哪些特点?( )

A. 突发性　B. 严重性　C. 紧迫性　D. 不确定性

(2) 处置突发事件的基本要求包括哪几个方面?( )

A. 提前采取应急处置措施　B. 及时报告

C. 妥善处理善后工作　D. 果断、细致

2. 问答题

(1) 什么是突发性事件?什么是会议突发性事件?

(2) 会议突发性事件的类型有哪几种?

二、实训

处理突发事件

(1) 实训目标。通过本实训,掌握秘书处理会议中突发事件的具体方法。

(2) 实训背景。临近年末,某公司在大礼堂设宴,招待公司近 2 000 名员工。公司总经理在讲话时,突然停电了。

(3) 实训内容。根据实际情景,演练秘书处理突发事件的过程。

模块三

会议收尾工作

任务1　会议善后工作

学习目标

- 了解引导与会人员安全离会的方法并安排返程车辆
- 掌握清理会场的要求
- 能够合理安排与会人员离会与返程，并对会场进行清理

任务引入

经过两天的会议、参观和考察，华荣公司2010年度客户联谊会暨2011年产品订货会圆满结束。12月15日将安排与会人员返程。

假定你是公司总经理办公室秘书张俪，请你根据实际情况正确引导与会人员离场，合理安排与会人员的返程，并组织清理会场。

任务分析

引导与会人员离场。在通常情况下是等主席台上的领导离场后，再引导其他与会人员有秩序地离场。会议结束后秘书要及时做好会场的清理工作，按照物品使用清单，清点整理，物归原位，保证会议结束后会场环境的清洁整齐。

相关知识

会议结束并不意味着会务工作的完成，秘书要适时做好善后工作，让会议善始善终，圆满完成。引导与会人员安全有序地离开会场、安排与会人员返程、清理会场是会议善后工作中最重要的工作之一。

一、引导与会人员离场

会议一结束，秘书就要与会务人员一道引导与会者有秩序地离开会场。在通常情况下，都是主席台上的领导离场后，与会人员再离场。如果会场有多条离场通道，领导者和与会者可以各行其道。大型会议还要注意散会后引导车辆迅速、有序地离场，必要时可派专人指挥。

二、会后工作的主要内容

1. 送别参会人员

安排专门的工作人员，在会场外、宾馆门口欢送参会人员离开。对于一般的参会者，可安排礼仪小姐或其他工作人员送行；对于身份特殊的参会者（如上级领导），则应当安排身份对等的人员送行。送行时应当充分注意礼仪，向对方表现出诚挚的惜别之情。

2. 结清会议费用

在会议的组织过程中，有多项费用需要等到会议结束才能进行结算和支付，例如场地租赁费用、设备租赁费用、食宿费用、人员劳务费等。组织方应当在会议结束后安排专门的财会人员办理此项工作。结算会议费用时应当做到账款两清、准确无误，将相关的票据、合同和账目妥善保管，防止混乱和丢失。参会人员如果需要发票，可以向其开具正规的票据。同时协助酒店办理参会人员的退房手续。

3. 安排人员送站

和报到时不同，会议结束后人员离会往往比较集中，在短时间内需要大批车辆送站，因此会议组织者应当提前安排足够的车辆和人员为与会人员服务。如果会场距离机场、车站较远，为了满足需要可以安排大型客车集中运送。送站之前，会议工作人员可根据所预定车票的情况合理分配车辆和运力，保证参会人员能及时到达车站或机场以免延误行程。

4. 安顿暂留人员

由于各种原因，有部分人员在会议结束后暂时不能离开，需要主办方继续做好服务工作，妥善安排他们的住宿、饮食和出行。暂留人员中有一部分是外地人员，可能会存在旅游或购物需求，会议主办方应适当给予必要的协助。暂留人员中还有一部分是会议工作人员，由于进行善后工作而需要继续驻留，应当合理安排费用，尽快完成全部工作。

三、会场的善后工作

会议举办场所的善后工作主要包括会务用品清理等几个方面，详细的工作要求见表3—1—1。

表3—1—1　　会场善后工作

会议类别	工作内容	工作要求
内部会议	文件清理	收集会议相关的文件材料；回收需要保密的文件；整理会议记录，会议文件及时归档保存
	用品清理	回收姓名台签，检查并关闭会议室的各种设备，清洗水杯、茶具、烟灰缸等物品
	环境维护	整理桌椅，打扫会议室卫生
外部会议	文件清理	收集会议相关的文件材料，回收需要保密的文件，整理会议记录，会议文件及时归档保存
	用品清理	检查会场是否有遗漏的物品，清理座位卡、台签等物品，归还会议所借物品，拆除会议条幅、标志等物品
	环境维护	摘除会议指示标志，拆除气模、旗帜等设施，关闭会场所有设备，清理鲜花等装饰物品，办理租借场地的归还手续

任务实施

一、引导与会人员离场

会议结束后，为了使与会人员安全、有序地离开会场，张秘书精心安排，对会议工作人员进行了分工，具体见表 3—1—2。

表 3—1—2　　引导与会人员离开会场安排表

姓名	职务	工作内容	联系方式
张俪	总经理秘书	协调整体工作	13666444×××
王双	公司办公室秘书	负责引导主席台领导、嘉宾离开会场	13652666×××
李元	公司办公室秘书	负责引导与会人员离开会场	13923541×××
许静	生产部秘书	负责引导与会人员离开会场	13913812×××
周姗姗	市场与研发部秘书	负责停车场车辆调度	13913652×××
……	……	……	……

二、送别与会人员

1. 发放返程票

张秘书根据与会客户的要求，帮助与会客户订购了返程车船票，为了使与会客户能够按时、准确无误地拿到自己订购的车船票，张秘书设计并制作了与会人员返程票领取登记表，见表 3—1—3。

表 3—1—3　　与会人员返程票领取登记表

姓名	公司	职务	电话	预订返程票情况	金额（元）	收费情况	签名
王天宇	北江市天宇公司	总经理	13520364×××	12 月 15 日机票 HU4736	400		
张小山	北京环保设备有限公司	总经理	13515922×××	12 月 15 日火车票 Z50	400		
张兴	台州市庆阳公司	采购部业务员	15623200×××	12 月 15 日火车票 K195	198		
吴根林	天津环保设备总厂	厂长	13998256×××	12 月 15 日飞机票 CA6140	380		
……	……	……	……	……	……		

2. 组织送别与会人员

根据参会人员返程的情况，成立了以生产部、市场与产品研发部以及办公室行政人员为主的送站小组，负责送别相应的客户，具体工作分配见表 3—1—4。

表 3—1—4　　送站小组成员表

华荣公司客户联谊会送站小组			
姓名	部门	联系电话	主要负责工作
张俪	总经理秘书	13666444×××	协调整体工作
刘正	生产部经理	13597235×××	负责送别重要客户（如主要客户公司总经理等）
王山	销售部业务员	13367975×××	负责送别客户采购部参会人员

续表

华荣公司客户联谊会送站小组			
姓名	部门	联系电话	主要负责工作
李海勇	市场与研发部经理	13569787×××	负责送别客户研发部经理
李萌	办公室	16598223×××	司机
方晓	办公室	15972000×××	司机
……	……	……	……

根据参会人员返程安排，制作会议代表送站安排表，见表3—1—5。

表3—1—5　　会议代表送站安排表

姓名	性别	单位	职务	联系方式	车次/航班	时间/	出发地点	送别工作人员	出发时间	出发地点	司机
王天宇	男	北江市天宇公司	总经理	13520364×××	HU4736	15日9点30分	禄口机场	刘正	8点30分	钟山宾馆	方晓
张小山	男	北京环保设备有限公司	总经理	13515922×××	Z50	15日21点30分	南京站	李海勇	16点30分	钟山宾馆	李萌
张兴	男	台州市庆阳公司	采购部业务员	15623200×××	K195	15日13点	南京站	王山	16点30分	钟山宾馆	李萌
吴根林	女	天津环保设备总厂	厂长	13998256×××	CA6140	15日21点15分	禄口机场	张俪	20点15分	钟山宾馆	方晓
……	……	……	……	……	……	……	……				

三、清理会场和文件

1. 清点回收会务用品

根据会议筹备期间所准备的会议物品清单，列出会场需回收的物品清单，然后根据清单一一清点所有物品，准确登记收回的数量，缺少的物品注明原因，见表3—1—6。

表3—1—6　　回收物品清单

名称	发放数量	收回数量	缺少原因	负责人签名
音像设备	1	1		
照明设备	1	1		
音像光盘	10	10		
笔记本电脑	2	2		
照相机	2	2		
鲜花（束）	20	15	自然损坏	
鲜花（盆）	100	100		
气球	200	120	自然损坏	
充气拱门	1	1		
升空气球	50	20	被风刮走	
条幅	10	10		

续表

名称	发放数量	收回数量	缺少原因	负责人签名
彩带	20	20		
名签	50	49	丢失	
代表证	300	289	部分代表未归还	
胸卡	300	281	部分代表未归还	

2. 整理会场并移交

拆除主席台上的会议名称条幅和会议标志，拆除会场内悬挂的标语条幅。将会场内的桌椅归位并检查会场的各种设备。没有问题就可以和会场出借方办理移交手续。

3. 归还租借设备

所有需要归还的设备应列出清单，注明归还去向和办理人员的签名，见表 3—1—7。归还设备的时候，还应当办理相应的手续，由出租方开具发票。

表 3—1—7　　**设备归还登记表**

名称	借用时间	归还时间	归还状态	出租方	租金	接收人签字	归还人签字
电子签到机	2010.12.12	2010.12.15	正常	××会议服务公司	500 元	王宇	张俪
……							

4. 清理文件资料

在会场发送和会议期间产生的文件一般来说是比较多的，尤其是带有保密性质的会议文件。会议结束后，秘书要及时清点收回文件，并仔细检查会议现场及各个房间，看是否有遗漏或剩下与会议有关的文件资料，以免遗失泄密。

练习与实训

一、思考与练习

1. 不定项选择题

(1) 会议结束后，一般要按（　　）的秩序安排返程车、船、机票的预订工作。

A. 先近后远　　B. 先宾后主　　C. 先远后近　　D. 先费用高后费用低

(2) 清理会场需要完成（　　）等工作。

A. 清点回收会务用品　　B. 归还租用设备

C. 清理文件资料　　D. 和与会人员结算费用

2. 问答题

(1) 秘书在送别与会人员离会时，一般有哪些工作要做？

(2) 清理会场的时候应注意哪些问题？

二、实训

引导与会人员离场并安排返程

(1) 实训目标。通过实训，要求学生掌握引导与会人员离场与返程的方法。

（2）实训背景。宏远公司拟于2010年10月10日上午9：00，在市花园宾馆会务大厅召开全国经销商业务洽谈及订货会。会议日程安排如下：10月9日报到，10月10日至11日进行相关业务洽谈，10月12日安排与会代表返程。会场共有两条离场通道。

（3）实训内容。假定你是该公司办公室秘书，请根据实训背景，合理安排引导与会人员正确离场以及制作返程人员时间安排表，要求保证会场秩序，热情周到送别与会代表。

任务2　会议经费结算

学习目标

- 了解会议期间发生的费用并进行统计，将票据进行整理
- 掌握会议经费结算的步骤和方法
- 能够根据会议的实际情况，正确鉴别和整理会议期间发生费用的票据
- 能够根据费用结算的步骤进行会议经费的结算

任务引入

华荣公司2010年度客户联谊会暨2011年产品订货会已圆满结束。公司总经理办公室秘书张俪负责会议经费结算工作，包括确认参会单位，做好购买会议所需的办公用品和食品、饮料，打印会议文件资料，租赁会议场地和音像设备等费用的结算工作。

假定你是秘书张俪，请你结合本次会议的具体情况，确定本次会议中各种费用收款和付款的方法。

任务分析

会议经费结算的依据是会前经费预算。会议召开之前则有相应的会议开支预算，并经过了领导的审核批准。会议过程中，负责经费结算的秘书应准备专门账册，对会议的各项开支进行详细的记录。会议结束后，会议财务人员、秘书应按照经领导审定的预算进行结算。应遵循勤俭节约的原则，既尽量减少不必要的开支，又保证会议的质量和档次。要做好会议经费的结算工作，及时向领导汇报，并向财务部门报销。

相关知识

会议经费的结算是办会者在会议结束后对整个经费使用情况即会议开支费用的结算。

一、会议期间发生的费用

广义的会议成本包括时间成本、金钱成本和机会成本。我们统计的会议期间发生的费用主要是指狭义的会议成本，即会议直接经费的支出。主要包括以下几项内容：会场租用及布置费、会议设备租用费、会议邮电通信费、会议培训费、会议交通参观费、会议食宿费、会议资料费、会议宣传交际费、纪念品购置费、水电费、其他符合规定的杂支费等。

二、会议经费结算的方法

1. 收款的方法和时机

会议经费开支主要有两种方式。一种是由会议主办方直接承担全部会议费用，与会人员不需要支付任何费用；还有一些会议是要由与会人员向主办方支付一些必要的费用，如资料费、培训费、住宿费、餐饮费等。对于要向与会人员收取相关费用的会议应注意以下事项：

（1）应在会议通知或预订表格中，详细注明收费的标准和方法。

（2）应注明与会人员可采用的支付方式（如现金、支票、信用卡等）。

（3）如用信用卡收费，应问清姓名、卡号、有效期等。

（4）开具发票的工作人员事先要与财务部门确定正确的收费开票程序，不能出任何差错。另外，如果有些项目无法开具正式发票时，应与会议代表协商，开具收据或证明。

2. 付款的方法和时间

会议结束后，应对会议期间发生的费用进行统计，将应该由公司支付的费用根据公司相关规定，及时支付给对方。会中一般需要支付的费用有场地租借费、设备租借费、场地布置费、专家咨询费、餐饮费等。

任务实施

一、统计会议期间发生的费用

张秘书先统计了会议中实际发生的费用。会议期间发生的费用如下：

1. 场地租用费

江苏省会议中心——钟山宾馆会议室租金 1 天 8 000 元。

2. 摄像设备等租用费

租用摄像机 2 台，租金共计 2 000 元。

3. 会场装饰费

装饰用鲜花 1 000 元；横幅 5 条，每条 100 元，共 500 元；拱门 2 个，每个 500 元，共 1 000 元；其他装饰费用 2 000 元。共计 4 500 元。

4. 聘请嘉宾咨询费

聘请嘉宾 2 人，每人咨询费 5 000 元，共计 10 000 元。

5. 餐饮费用

10 人一桌，每桌标准 800 元，共计 96 000 元。

6. 交通费用

租用旅行车 6 辆，每辆每天 1 000 元，共计 6 000 元。

7. 会议用品费

制作宣传手册 400 份，每份宣传手册成本为 5 元，共 2 000 元，制作会标、会议代表证、文具等共 2 000 元，共计 4 000 元。

8. 纪念品及演出费

每人一份纪念品，每份纪念品 85 元，300 份，共 25 500 元；文艺演出 5 000 元，共计 30 500 元。

9. 公司工作人员劳务费

根据公司相关规定，劳务补贴 25 元/天，参与会议筹备的共 40 人，每人按 12 天计算，共计 12 000 元。

此次会议共计支出人民币：173 000 元。

二、确定会议经费结算

张秘书统计了会议期间实际发生的费用之后，又根据公司的财务管理规定，列出了需要公司支付的费用及付款方法与时间表，见表 3—2—1。

表 3—2—1　　客户联谊会经费的付款方法与时间表

设施和服务		付款的方法和时间
场地租用费	事先确定费用	预订时交订金。活动之后按实际支出开具发票，支票结账
摄像设备等租用费	活动之前确定租用费用	活动之后为租用费用开发票，现金结账
会场装饰费	会议之前申请和安排	会议之前根据实际支出费用，现金结算
嘉宾咨询费	事先确定费用	在活动之后现金支付给嘉宾
宴请费用	事先商定费用	预订时交订金。会议之后按实际支出开发票，支票结账
交通费用	事先商定费用	预订时交订金。会议之后按实际支出开发票，支票结账
会议用品费	会议之前申请和安排 会议之前可用零用现金购买	零用现金偿付 文具订购事先开发票和付款
纪念品及演出费	事先商定费用	预订时交订金。会议之后按实际支出开发票，支票结账
公司工作人员劳务费	根据公司相关规定确定	会议之后，银行转账支付

三、通知与会人员结算的时间、地点

会议结束后，秘书部门应该向与会人员或者与会部门以及在会议中发生费用的个人和部门通知经费结算的时间和地点，以便与会个人和部门安排工作。

根据公司财务管理规定，在费用发生 15 日内必须将所发生的费用进行报销和结算。12 月 20 日张秘书通知与会的几个部门，22 日上午 9：00 在一号会议室进行会议经费结算，届时各部门应各派一名工作人员参与，将本部门此次会议中发生的费用统计好，并将相关发票一并带来。

四、清点和核实费用支出发票

张秘书将各部门发生的费用发票逐个进行了审核，剔除了一些填写不规范、不符合公司报销要求的发票。

五、填写费用报销单、将发票贴于报销单背面

根据公司财务报销的相关规定，在清点和核实了费用支出发票后，张秘书填写了费用报销单，并将所有发票贴在报销单后面，见表 3—2—2。

表 3—2—2 华荣公司费用报销单

填表日期：2010 年 12 月 22 日

<table>
<tr><td rowspan="2">报销人</td><td>姓名</td><td>张俪</td><td colspan="2">所属部门</td><td>总经理办公室</td></tr>
<tr><td>职务</td><td>总经理秘书</td><td colspan="2">联系电话</td><td>4531</td></tr>
<tr><td colspan="6">报销费用明细</td></tr>
<tr><td rowspan="2">费用类别</td><td rowspan="2">事由摘要</td><td rowspan="2">金额（元）</td><td colspan="2">有无票据</td><td rowspan="2">备注</td></tr>
<tr><td>有</td><td>无</td></tr>
<tr><td>会务费</td><td>租借会场、设备、
布置会场，宣传材料等</td><td>49 000</td><td>√</td><td></td><td></td></tr>
<tr><td>劳务费</td><td>专家咨询费、
工作人员加班费</td><td>22 000</td><td>√</td><td></td><td></td></tr>
<tr><td>接待费</td><td>餐饮费、车费等</td><td>102 000</td><td>√</td><td></td><td></td></tr>
<tr><td>合计金额</td><td colspan="5">￥173 000 元</td></tr>
<tr><td>报销人</td><td colspan="2">签字：张俪</td><td colspan="3">日期：2010 年 12 月 22 日</td></tr>
<tr><td>部门经理意见</td><td colspan="2">签字：</td><td colspan="3">日期：　年　月　日</td></tr>
<tr><td>财务部经理意见</td><td colspan="2">签字：</td><td colspan="3">日期：　年　月　日</td></tr>
<tr><td>总经理审批意见</td><td colspan="2">签字：</td><td colspan="3">日期：　年　月　日</td></tr>
</table>

华荣公司财务部印制

六、领导审批、签字

张秘书将填好的费用报销单送请财务部经理和吴宝华总经理审核签字。

七、到财务部门报销

张秘书将领导审核、签字后的报销单到财务部报销。

八、与相关部门及人员结清费用，多退少补

张秘书报销后，与各部门进行了结算，多退少补。

练习与实训

一、思考与练习

1. 会议期间发生的费用报销的一般步骤有哪些？
2. 对于要向与会人员收取相关费用的会议应注意哪些事项？

二、实训

财务费用报销的方法和程序

（1）实训目标。通过实训，要求学生掌握经费报销的一般方法和程序。

（2）实训背景。浙江华宇有限公司总经理办公会研究决定，为了规范单位的财务管理制度，要准备对各分公司、各部门负责报销的人员进行业务培训，培训主要内容是报销的一般方法和程序。由公司副总经理兼财务部主管王武负责培训，王武让办公室秘书小夏拟一份关于报销方法和程序的培训资料。

（3）实训内容。假定你是该公司办公室秘书小夏，你如何拟写这份培训资料？

任务3 撰写会议纪要

学习目标

- 了解会议纪要的内容、特点和格式
- 掌握撰写会议纪要的注意事项
- 能够根据会议内容和会议记录撰写会议纪要

任务引入

华荣公司2010年度客户联谊会于12月15日结束，会上吴宝华总经理对本年度工作进行了总结，对下一年度工作作了部署和安排；特邀嘉宾也作了较为重要的讲话。公司总经理办公室秘书张俪参加了会议并作了详细的会议记录，会后吴宝华总经理要求张俪尽快将会议纪要印发给各分公司、各部门。

任务分析

一般来讲，中小型会议、日程性工作例会和协调性会议，均需要撰写会议纪要。会议纪要是在会议记录和相关会议材料的基础上进一步分析、综合、提炼而形成的文件，它的目的在于将会议的议事过程和议定事项，用精练的文字归纳出来，一方面留存备查，一方面分发给有关部门贯彻执行。

会议纪要在会议记录的基础上加工整理而成，是记载、传达会议情况和议定事项，指导工作、解决问题、交流经验的重要工具，是传达会议信息的主要媒介之一。会议纪要又是一项思想性、政策性和技术性都很强的工作，是整个会务工作的组成部分。

相关知识

撰写会议纪要，首先必须了解会议纪要的内容、特点和拟写要求。

一、会议纪要的概念

会议纪要是根据会议情况、会议记录和各种会议材料，经过综合整理而形成的概括性强、提炼度高的文件，具有情况通报、执行依据等作用。任何类型的会议都可印发纪要，尚待决议的或者有不同意见的，也可以写入纪要。会议纪要是一个具有广泛实用价值的文种。

二、会议纪要的内容

1. 会议基本情况介绍

会议纪要在开头部分概括介绍会议的名称、时间、地点、主持人、主要议程、参加人员、会议形式以及会议主要的成果，然后用“现将会议主要精神纪要如下：”等语句转入下文。

2. 会议议定事项和会议精神

这是会议纪要的核心内容，主要记载会议情况和会议结果。写作时要注意紧紧围绕中心议题，把会议的基本精神、会议所形成的决定、决议准确地表达清楚。对于会议上有争议的问题和不同意见，也要如实予以反映。

三、会议纪要的格式

会议纪要由标题和正文组成。在结构格式上不用写主送单位和落款，成文时间多写在标题下方，也可写在文章最后。

1. 标题

通常由“会议名称＋会议纪要”构成，例如：“××公司第五届职代会会议纪要”。

2. 正文

会议纪要的正文由导言、主体和结尾三部分组成。

(1) 导言。主要用来记述会议的基本情况。包括：召开会议的名称、时间、地点、主持人、主要出席人、会议主要议程、讨论的主要问题等。导言不需写得太长，简明扼要，让人们对会议有个总体的了解。

(2) 主体。主体是会议纪要的核心部分，会议的主要精神、会议议定的事项、会议上达成的共识、会议上布置的工作和提出的要求、会议上各种主要的观点等，都在这一部分予以表达。主体的写法一般有四种：

1) 分类标项式。这种写法适用于篇幅较长的会议纪要。有的会议开的时间很长，研究的问题很多，需将会议讨论的内容依其内在联系和逻辑关系等归纳成几个方面，分项撰写并冠以合适的小标题。

2) 新闻报道式。这种写法类似于新闻写作中的消息写作，适用于办公会等日常工作例会的纪要。内容包括会议进行程序、会议概况、会议议题、讨论意见、决定事项等，依次写出即可。

3) 记录摘要式。这种写法就是对会议记录的摘要整理，其特点是平直易写，有点像流水账。这种写法可以使每个人的意见得到比较明确、充分的表达，便于事后查考，有些为解决纠纷而召开的协调会会议纪要可采用这种写法。

4) 指挥命令式。这种写法主要用于写会议决定事项，会议情况一笔带过，简练明快，多用于安排部署重要工作的会议。一般都这样写：“会议决定：……”，“会议同意……”，“会议通过了……”等。

(3) 结尾。结尾一般写对与会者的希望和要求，也有的会议纪要不写专门的结尾用语。

四、会议纪要的拟写要求

经过领导签发的会议纪要是会议的正式文件，要求简明扼要、观点鲜明、确切说明事项，不必发表议论和交代情况。其要求具体有以下几点：

1. 实事求是，忠于会议实际。

2. 内容要集中概括，去芜取菁，提炼归纳。

3. 条理清晰，层次分明，一目了然。

任务实施

一、列出文件目录

为了使整理工作顺利进行，不漏掉重要文件，张俪需要在清理会议资料之前列出文件目录，见表 3—3—1。

表 3—3—1 会议文件目录

序号	标题	产生阶段	数量	备注
1	关于召开客户联谊会的请示	会前	1	
2	关于同意召开客户联谊会的批复	会前	1	
3	会议方案	会前	1	
4	会议参加者名单	会前	1	
5	会议通知	会前	1	
6	会议应急预案	会前	2	
7	会议通信录	会前	1	
8	会议值班安排表	会前	1	
9	吴宝华总经理在开幕式上的讲话	会中	1	
10	会议记录	会中	3	
11	座谈会上的发言	会中	5	
……	……	……	……	

二、整理文件并立卷

根据文件目录，收集所列出的文件，然后按照文书立卷的要求整理立卷。具体可参考本模块任务 4 中的详细介绍。

三、撰写会议纪要

根据会议记录的情况，撰写的会议纪要全文如下：

华荣公司 2010 年度客户联谊会暨 2011 年产品订货会

会议纪要

（2010 年 12 月 20 日）

华荣公司 2010 年度客户联谊会暨 2011 年产品订货会于 2010 年 12 月 12 日至 15 日在江苏省会议中心举行。会上公司总经理吴宝华作了工作报告，对本年度工作进行了总结，对下一年度工作进行了部署。会上听取了与会代表的广泛意见，并达成了共识。参加会议的有公司中层以上干部、来自全国各地的客户代表，市环保局副局长等近 300 人。

会上。吴宝华总经理代表公司致辞。吴宝华总经理首先对光临会议的各级领导、各位来宾、各界朋友表示热烈的欢迎和衷心的感谢；接着，他对 2010 年公司生产、销售情况作了简要的总结；最后，他衷心希望能和与会代表精诚合作，共创美好未来。

与会嘉宾市环保局牛天利副局长、北京环保设备有限公司总经理张小山等分别讲话，他们表示将一如既往地支持华荣，关注华荣的发展，和华荣加强合作。

最后吴宝华总经理作专题报告。吴总经理首先介绍了华荣公司的基本情况，总结了华荣公司2010年度环保产品生产和销售方面取得的成绩，并指出了华荣公司在生产、经营方面存在的一些不足。接着，吴总经理对2011年国内外环保产品形势进行了精辟的分析。最后，他代表公司，向与会代表表示，一定加强管理，努力提高产品和服务质量，更好地为大家服务。

专题报告结束后，与会代表一起观看了公司举办的文艺晚会，并组织与会代表游览了中山陵和夫子庙风景区。

最后，公司与到会客户代表就2011年产品订货情况进行了洽商，会上有50家单位明确了2011年的订货意向，并签订了供货协议；部分企业也达成了合作意向，待回公司研究后进一步商洽合作事宜。

此次客户联谊会暨产品订货会全面总结了公司2010年度的生产和销售工作，并对2011年生产和销售工作进行了布置，提出了2011年公司工作的要求，明确了2011年公司生产销售的目标，解答了与会客户提出的关于产品质量和售后服务等方面的问题。为下一步做好生产和销售工作，打下了基础，做好了准备。

四、会议纪要的印发工作

领导签字后的会议纪要需要上报或下发，秘书人员要及时打印成文并分发传递。印发会议纪要只限于日常工作会议，对于大型的会议和专业会议，因为都有正式文件和决议，一般不再印发会议纪要和决办事项通知之类的文件。

练习与实训

一、思考与练习

1. 不定项选择题

(1) 会议纪要要求（　　）。

A. 准确　　B. 完整　　C. 简洁　　D. 生动

(2) 会议纪要的内容包括（　　）。

A. 会议召开依据　　B. 会议情况简述　　C. 会场布置情况　　D. 会议主题内容

2. 问答题

(1) 会议纪要有哪几个组成部分？

(2) 撰写会议纪要应该注意哪些问题？

二、实训

撰写会议纪要

(1) 实训目标。通过实训，要求学生掌握撰写会议纪要的一般方法和要求。

(2) 实训背景。上海市宏达百货股份有限公司是2004年注册成立的股份制企业。公司商场大楼总建筑面积15 000平方米，营业面积7 000平方米，经营商品品种2万余种。

为更好地适应市场发展的需要，宏达百货股份有限公司董事会于2007年7月15日至16日在上海国际大酒店商务中心会议室举行了第三次董事会议。会议由董事长王先生主持，副董事长李先生与董事唐先生、徐先生、张女士出席了会议。会议首先听取了公司总经理章先生的述职报告。章总经理向董事会重点报告了本公司在经营上对外开拓的近况。他说，公司正积极向着国际化方向发展，为此，专门成立了外引内联的专门工作机构，积极探索与国外企业合资、合作的途径。目前已同日本、俄罗斯、韩国等国的贸易团体进行了接触，并取得了显著的成果。先后与日本日新株式会社成立了博文美食有限公司，与韩国合资成立了天天儿童制衣有限公司。后者已在韩国占有一定范围的市场，形成了长期供货基地，为进一步发展对外贸易创造了条件。但是，由于本公司没有小额贸易出口权，无法直接从事出口贸易及签订供货合同，以致公司的产品不能及时、迅速地进入国际市场，失去了许多出口创汇的机遇。为改变这一状况，适应新形势的需要，增强股份制企业的活力，参与国际市场竞争，公司已向所属××区人民政府申请小额贸易出口经营权，并得到了批准。

董事会对章总经理的工作业绩感到满意。会议着重讨论了中国加入世界贸易组织后对百货业带来的冲击，提出了应对挑战的策略。章总经理提出要引进国外新技术，建立现代化物流中心，以降低经营成本；副董事长李先生认为公司应该采取灵活多样的经营方式，除了办商场，零售、批发并举外，还要通过举办展销会、技术交流会等适于引进技术与信息的方式开展业务，还应举办不同类型的培训班，造就人才；王董事长指出，要重视并运用现代化管理手段，公司要通过各种途径聘请中高级人才，引进国外先进的管理方法，并要筹建信息部，以便及时掌握国际商贸最新信息。以上意见均得到与会者的认同，并要求有关部门具体实施。

(3) 实训内容。假定你是公司总经理办公室秘书，请根据案例内容，写一份宏达百货股份有限公司第三次董事会议的会议纪要。

任务4　整理会议文件资料

学习目标

- 了解会议文件整理的范围、方法、要求和注意事项
- 能够对会议期间的文件进行整理

任务引入

华荣公司2010年度客户联谊会暨2011年产品订货会在会议期间形成了很多会议资料，吴宝华总经理要求秘书张俪把会议期间的资料整理一下，有用的资料整理归档，没有利用价值的资料销毁。

假定你是公司总经理办公室秘书张俪，你如何整理会议期间的资料？

任务分析

会议资料的整理是秘书的日常工作之一。会议结束后，秘书要做好会议文件资料的收集、整理和归档工作，并及时送交有关部门或人员妥善保管。

秘书应首先确定会议文件收集、整理的范围，包括会前分发文件、会中产生的文件和会后产生的文件，然后根据会议文件收集的要求做好相关工作，最后按照文书立卷的原则和工作步骤完成会议文件资料的立卷归档工作。

相关知识

一、会议文件收集、整理的范围

1. 会前分发的文件。包括指导性文件、审议表决性文件、宣传交流性文件、参考说明性文件、会务管理性文件等。

2. 会议期间产生的文件。包括决定、决议、议案、提案、会议记录、会议简报等。

3. 会后产生的文件。包括会议纪要、传达提纲、会议新闻报道等。

二、收集会议文件的要求

1. 确定会议文件资料的收集范围。会前分发的保密文件要按会议文件资料清退目录和发文登记簿逐人、逐件、逐项检查核对并收回，以杜绝保密文件清退的死角。

2. 收集会议文件资料要及时，确保文件资料在与会人员离会之前全部收集齐全。责任要落实到人。

3. 与分发文件资料一样，收集会议文件也要履行严格的登记手续。认真检查文件资料是否有缺件、缺页的情况。及时采取措施补救毁损的文件资料。

4. 收集整理过程中要注意保密。

5. 会议文件立卷归档工作要严格遵守档案制度。

三、会议文件资料的立卷归档

会议结束后，要及时做好会议文件的立卷归档工作。会议文件资料的立卷归档是指会议结束后依据会议文件的内在联系加以整理、分门别类地组成一个或一套案卷，归入档案的工作。这是将现行会议文件转化为档案的重要步骤，是档案工作的基础。

任务实施

要做好会议文件资料的整理工作，有以下几个步骤：

一、会议文件收集、整理的范围

为了有效地做好会议文件资料的整理工作，张秘书事先设计并制作了会议文件资料一览表，将会议期间产生的文件资料进行了梳理，见表 3—4—1。

表 3—4—1　　会议文件资料一览表

文件（资料）名称	责任者	页数	份数	备注
会议通知	总经理办公室	3	2	
与会人员名单	总经理办公室	10	2	
公司宣传手册	策划部	120	2	
会议记录	总经理办公室	8	1	
会议简报	总经理办公室	3	2	
会议纪要	总经理办公室	2	2	
会议总结	总经理办公室	2	1	
……	……	……	……	

二、将整理好的会议文件资料立卷归档

张秘书根据上述步骤，对会议期间的文件资料整理、归档。

1. 张秘书先对整理好的资料进行了登记，登记表见表3—4—2。

表3—4—2　　会议文件资料登记表

文件（资料）名称	责任者	页数	备注
会议通知	总经理办公室	3	
与会人员名单	总经理办公室	10	
公司宣传手册	策划部	120	
会议记录	总经理办公室	8	
会议简报	总经理办公室	3	
会议纪要	总经理办公室	2	
会议总结	总经理办公室	2	
……	……	……	

2. 张秘书将整理好的文件登记表送交公司吴总经理审核，经吴总经理审核后，又重新整理、排列了资料。

3. 张秘书对排列好的文件资料编号、编目，并填写了卷内文件目录，见表3—4—3。

表3—4—3　　卷内文件目录

件号	责任者	文号	文件题名	日期	页数	备注
001	总经理办公室	华荣字［2010］25号	华荣公司关于召开2010年度客户联谊会暨2011年产品订货会的通知	2010年10月19日	3	2份
002	总经理办公室		与会人员名单		10	
……	……	……	……	……	……	……

填好文件归档目录后，张秘书填写了卷内文件的备考表，如图3—4—1所示。

4. 为了便于档案检索和利用，张秘书拟制的案卷标题为：公司2010年度客户联谊会暨2011年产品订货会相关资料。

5. 张秘书把整理好的资料装订好，并填写了案卷封面，如图3—4—2所示。

6. 张秘书将整理好的案卷移交给公司档案室，并办理了移交手续。见表3—4—4。公司档案室将保管档案和提供利用。

备　考　表

盒内文件情况说明

此案卷中，是公司2010年度客户联谊会相关资料，资料齐全，会议记录原始稿件已经损坏，已经粘好，其他资料完好。

整理人：张　俪

检查人：吴良荣

2010年12月30日

图3—4—1　卷内备考表样式

归档文件目录

全宗名称2010年度客户联谊会暨2011年产品订货会相关资料

年　　度2010

保管期限长期

机　　构总经理办公室

图3—4—2　归档文件目录封面式样

表3—4—4　档案移交目录一览表

件号	责任者	文号	文件题名	日期	页数	份数	备注
001	总经理办公室	华荣字［2010］25号	华荣公司关于召开2010年度客户联谊会暨2011年产品订货会的通知	2010年10月19日	3	2份	
002	总经理办公室		与会人员名单		10		
……	……	……	……	……	……	……	

移交人签名：张俪　　接受人签名：王梅　　日期：2010年12月30日

7. 文件资料整理归档，移交档案室后，将没有利用价值的文件用碎纸机销毁。

练习与实训

一、思考与练习

问答题

1. 会议文件立卷归档工作的重要意义有哪些？
2. 会议文件立卷归档的范围有哪些？
3. 会议文件立卷归档的工作步骤有哪几步？

二、实训

整理会议文件

（1）实训目标。通过实训，要求学生掌握整理会议文件的一般方法和要求。

（2）实训背景。中国××学会秘书学专业委员会新闻传播系分会成立大会胜利召开。会议形成了很多会议文件和资料，这些文件和资料中，有的对于分会的发展有一定的作用，有的文件和资料没有利用和保存价值，面对这一状况，必须进行整理。

（3）实训内容。根据实际情景，演练整理会议文件的过程。

任务5　会议评估与总结

学习目标

- 了解会议评估和总结的目的、内容
- 掌握会议评估和总结的格式和要求
- 能够根据会议的实际情况，进行会议评估和总结

任务引入

华荣公司2010年度客户联谊会暨2011年产品订货会按照计划如期顺利举行，会议中公司广泛听取了客户对公司未来一年经营和产品的意见和建议，极大地增进了相互之间的感情。但在会议过程中也出现了一些小的问题，比如客人报到时未能及时统计其返程时间和机（船、车）票数量，造成部分与会代表不能及时返程，后来经多方努力才一一解决，送走了客人。饮食方面对来自全国各地的客人食物口味也出现了照顾不周的现象等。

假定你是公司总经理办公室秘书，请你根据本次会议举行的情况，对此次会议及时进行会务工作评估和总结。

任务分析

在公司较正式或大中型会议结束后，秘书要及时进行会务总结工作。首先检查此次会议目标的实现情况，总结会议筹备、顺利举行的经验，对会议中出现疏忽的环节应认真检查原因，总结教训，以便在以后的会务工作中能加以克服。会议总结内容包括会议名称、时间、地点、规模、与会代表人数、主要议题、参加会议领导人、会议主持人、领导报告以及此次会议重点交流内容、对会议的基本评价和贯彻要求以及今后的工作任务布置、双方的合作情况等。

相关知识

为总结会务工作经验，不断改进会议的组织服务工作，会议结束后还应及时进行会务工作总结。

一、会议评估和总结的目的

会议评估和总结的目的，是通过对自身工作中的优点与缺点的回顾分析，吸取经验教训，并把感性认识上升到理论认识的高度，以便做好今后的工作。因此，会议总结在整个工作流程中具有承上启下的作用，不是公文，属于一般应用文。

对会议进行评估和总结是会后工作的重要内容。评估总结能够检查会议目标的落实情况，检查各个组织小组的分工执行情况，有助于积累经验，找到做好同类型会议组织与服务工作的经验。

二、对会议效果进行评估

要做好会议的总结工作，首先应对会议进行评估。会议评估程序如下：

1. 明确会议评估对象

主要包括对会议总体管理工作、对会议主持人和对会议工作人员的评估三个方面。

2. 确定会议评估因素

对于一个会议而言，尤其是大型会议，各种因素纷繁复杂都会影响会议开展的效果，这些因素有些是人为的，可控的，有些则是外界的，不可控的。进行会议评估总结，主要考虑的是人为可控因素，见表3—5—1。

表3—5—1　　影响会议的主要因素

序号	主要因素	影响方式
1	主办方	是否发挥了保障监督作用，是否提供充足的经费和支持，是否具有主办资质
2	组织者	人力是否充足，协作关系是否融洽，解决实际问题能力如何
3	会议目标	目标是否明确，目标大小是否适当，目标是否分解，目标是否被所有参会者明白
4	会议议题	议题是否与目标一致，议题是否明确，议题是否被所有参会者明白
5	会议地点	场所的交通条件如何，安全设施如何，便利设施如何
6	宣传活动	宣传文案是否完备，宣传渠道是否畅通，宣传覆盖面是否广泛，宣传速度是否快捷
7	公共关系	政府人员是否参与，政府人员级别层次，同行业人员是否参与，行业协会人员是否参与，媒体人员是否参与
8	会议预算	预算与实际开销之间的差距如何，预算是否考虑到了所有支出项目
9	主持人	主持人的组织能力如何，对会议进程的控制能力如何，是否妥善处理会议中的冲突，是否推动参会者达成一致
10	参会人	参会人的到会率、出勤率如何，发言质量、发言次数如何
11	会议材料	内容是否准确完备，数量是否充足，印刷质量是否清晰
12	参观与展览	地点是否便利，参观是否自由，内容是否适当，布展是否周密
13	文体活动	活动是否适合会议，活动量是否适当
14	报到签到	是否快速有效，程序是否简洁，协助是否及时，办理地点是否得当
15	交通	交通服务是否快捷安全，票务预订是否及时到位
16	休息	休息环境是否安静，休息次数是否得当，休息设施是否完善

3. 设计评估表格，收集评估数据

设计评估表格应注意表格的长度、问题的相关性、提问的方式、填写的难易程度、分析数据的方式等。

4. 分析数据、得出结论

秘书应根据会议的类型和分析的目的，去获得分析数据并得出结论，以形成分析报告。采用科学的数据分析方式，与会者较多时，可采用计算机分析数据，并以线显易懂的方式整理和展示会议评估所获得的数据，如柱形图、饼形图、散点式等。

三、撰写总结汇报

秘书在撰写会议总结报告时，应将评估数据和分析结果写入总结报告，并将形成的分析

报告递交上级主管领导审核，形成备忘录。撰写会议总结必须了解总结的格式，了解各部分的写作要领、写作方法和写作的注意事项。

1. 会议总结的特点

（1）经验性。会议总结和计划相反，是在事后进行的。会议总结的材料必须是真实的，是自身经历过的，包括典型材料和数据，这样才有实践意义。经历过的事情，在写作上往往更多地采用叙述方式。会议总结还应据实议事，运用画龙点睛式的议论，提出主题，写明层义。摆事实，讲道理；事实是主要的，议论是必要的。在写法上，以叙述说明为主。叙述不是详述，是概述；说明要平实准确，不能旁征博引。

（2）规律性。会议总结不是把发生过的事实罗列在一起，而是必须对收集来的事实、数据等进行认真的整理、分析和研究，找出某种带有普遍性的规律。会议总结要产生评价、议论，即主题和层义以及众多小观点（包括经验和规律的思想认识）。而议论不是逻辑论证式，而是论断式，因为自身情况就是事实论据。会议总结是否具有理论性、规律性，是衡量一篇会议总结好坏的重要标志。

（3）借鉴性。会议总结对以后的工作具有借鉴作用。

2. 会议总结的基本要求

（1）事实为据，准确可靠。以往事件是会议总结的唯一依据。会议总结必须把过去一段时间之内所做工作的材料全面地收集起来，包括面上的材料与点上的材料、正面的材料与反面的材料、事件材料与数字材料以及背景资料等。事件材料必须真实可信。数字要准确可靠。背景材料要有辅助性，能与事实形成鲜明的对比或者烘托。切忌闭门造车，随意编造事实或数据，欺上瞒下，或者走过场。

（2）分析事实，找出规律。经验与教训是一篇会议总结的重点。要从自己掌握的事实和材料中提炼出规律性的理论认识，这样的会议总结才有意义。

（3）点面结合，重点突出。写会议总结容易犯大而全的错误。应当认真抓住会议总结工作特点，抓精华，找典型，这样的会议总结才不会千篇一律，才具有指导意义。

任务实施

华荣公司在会议完成后，进行了会议总结。整个总结工作的过程如下：

一、进行会议评估

1. 设计调查问卷

针对影响会议质量的若干因素，结合本次会议的具体情况，编制调查问卷，在会议结束前发放下去，及时收集有关会议的意见反馈，以便了解与会人员对会议的评价和意见。

会议情况的问卷

此份调查问卷的目的是对本次会议进行评估，希望得到您的理解和支持，请在您认为正确的选项上画“√”。

1. 您对本次会议的总体印象：

A. 非常好　　B. 好　　C. 一般　　D. 较差　　E. 差

2. 您觉得本次会议的收获如何：

A. 非常大　　B. 大　　C. 一般　　D. 较小　　E. 小

3. 您如何评价跟同人的交流与合作情况：

A. 非常好　　B. 好　　C. 一般　　D. 较差　　E. 差

4. 您觉得会场总体环境如何：

A. 非常好　　B. 好　　C. 一般　　D. 较差　　E. 差

5. 您觉得会场的多媒体设备条件如何：

A. 非常好　　B. 好　　C. 一般　　D. 较差　　E. 差

6. 您对会议期间餐饮和食宿的安排评价如何：

A. 非常满意　　B. 比较满意　　C. 基本满意　　D. 不满意

7. 您觉得会议的议程安排如何：

A. 非常好　　B. 好　　C. 一般　　D. 较差　　E. 差

8. 您对会议后的考察是否满意：

A. 非常满意　　B. 比较满意　　C. 基本满意　　D. 不满意

9. 您觉得有必要继续开此类会议吗?

A. 非常必要　　B. 必要　　C. 无所谓　　D. 没必要

10. 请您谈谈本次会议最大的收获是什么，您还有哪些看法和建议?

2. 设计会议管理评估表

为了搞好会议的评估工作，张秘书设计了华荣公司会议管理工作评估表，见表 3—5—2。会议管理评估表格设计并印刷后，张秘书将该表格发给公司各部门，请各部门对此次会议效果进行评估。

表 3—5—2　　华荣公司会议管理工作评估表

项目		评估效果			
		好（4分）	较好（3分）	一般（2分）	差（1分）
会议的目标	会议主题和与会人员的相关性				
	主题是否清楚				
	议题选择是否恰当				
	议题数量是否合适				
会场的情况	会场大小规模是否合适				
	会场座位的编排				
	会场设备、物品配备				
	会场是否安静，无噪声				
会议住宿及餐饮、娱乐安排	会议住宿				
	会议就餐				
	会议提供的茶水				
	会议娱乐安排				

续表

项目		评估效果			
		好（4分）	较好（3分）	一般（2分）	差（1分）
会议费用情况	餐饮住宿费用是否合理				
	参观费用是否合理				
	资料费用是否合理				
会议文件准备情况	文件是否准备齐备				
	文件资料下发是否及时				

华荣公司总经理办公室印制

根据收集到的会议评估表可以看出，由于公司各级领导的重视和同事们的大力支持，此次客户联谊会应该说是取得了圆满成功，给与会嘉宾和代表留下了较为深刻的印象，但是有些准备工作和服务性工作方面还有些欠缺，需要在今后工作中进一步加强。

二、撰写总结汇报

根据调查问卷、会务人员评测表汇总的数据，并结合工作人员的个人观点，秘书应当撰写书面的会务总结，对此次会议组织情况进行系统深入的分析，尤其是对工作经验和不足进行评析，从中获得规律性认识，为今后的同类工作提供借鉴。张秘书撰写的会议总结如下：

明确方向　振奋精神　落实举措

——华荣公司2010年度客户联谊会暨2011年产品订货会总结

为了增进公司和客户的友谊，听取客户对公司产品及服务的意见和建议，进一步明确2011年产品订货量，公司于2010年12月12日至15日在江苏省会议中心——钟山宾馆召开了2010年度客户联谊会暨2011年产品订货会。来自全国各地的300多名客户代表和嘉宾参加了会议，市环保局牛天利副局长到会，并作了重要讲话。

本次联谊会受到与会领导、嘉宾和客户代表的一致好评，取得了圆满成功。现将联谊会具体情况总结如下：

一、活动过程

首先公司吴宝华总经理代表公司致词，对光临会议的各级领导、各位来宾、各界朋友表示热烈的欢迎和衷心的感谢。

接着，与会嘉宾市环保局牛天利副局长、北京环保设备有限公司总经理张小山分别讲话，他们表示，将会一如既往地支持华荣，关注华荣的发展，并祝华荣的事业蒸蒸日上。

最后吴宝华总经理作专题报告。吴总经理首先对华荣公司2010年度环保产品生产情况作了报告，对华荣公司2010年在生产和销售方面取得的成绩以及在生产、经营方面存在的一些不足进行了总结，就2011年国内外环保产品形势进行了精辟的分析。

专题报告结束后，公司与到会客户代表就2011年产品订货情况进行了洽商，会上有50家单位明确了2011年的订货情况，并签订了供货协议。

二、自我评估

总的来说，本次联谊会取得了圆满成功，受到了与会人员的高度评价。成功的原因可以总结为以下几点：

1. 公司领导高度重视。这次联谊会，公司领导高度重视，多次召开筹备会议，还指派副总经理专门负责会议筹备工作，为会议的成功召开打下了坚实的基础。

2. 计划缜密。正是有了翔实、周密的计划，充分的准备，这次联谊会才有了成功的前提。

3. 各部门之间密切配合。本次联谊会过程中公司各部门之间密切联系，分工合作，这是联谊会取得圆满成功的主要原因。

4. 分工具体、合理。在活动没开始之前，我们就已经将任务、工作时间合理地进行了分配，同时也注意到宣传组织工作时间的协调。

当然，这次联谊会中的组织还有一些缺点，我们对此也进行了总结：

1. 时间紧迫，安排欠缺充分。虽然事前我们对各种所需物品都准备齐全，但由于联谊会是在上午举行的，进场时间与开始时间之间的间距短，时间紧迫，这给我们的准备工作带来了一些麻烦。

2. 活动经验不足。虽然事前有了充分准备，对一些可能的情况作了预料，但遇到突发情况有部分新接待员不能沉着应对。由于缺乏经验，在会上有些紧张。

三、活动结果和意义

此次客户联谊会暨产品订货会全面总结了公司 2010 年度的生产和销售工作，并对 2011 年生产和销售工作进行了布置，提出了 2011 年公司工作的要求，明确了 2011 年公司生产销售的目标，解答了与会客户提出的关于产品质量和售后服务等方面的问题。并与 50 多家单位签订了订货协议，基本达到会议的预期目的，为下一步做好生产和销售工作，打下了基础，做好了准备。

华荣公司总经理办公室

2010 年 12 月 20 日

练习与实训

一、思考与练习

1. 会议总结的内容有哪些？

2. 会议总结的注意事项有哪些？

二、实训

做好会议总结工作

(1) 实训目标。通过实训，要求学生掌握会议总结工作的目的和内容。

(2) 实训背景。大华啤酒有限公司于 2002 年由德国老板投资建立，初期仅以生产灵泉啤酒为主。公司于 2009 年开发了啤酒新品，生产经营上取得了显著成绩，其中“清凉一夏”啤酒系列是 2009 年推出的新品种，其特点是：色泽呈浅金黄色，清亮透明，泡沫洁白细腻，具有明显的麦芽香气，酒体醇厚，口味清爽，包装高雅。

公司决定于 2010 年 4 月 10 日至 11 日召开短期的新品介绍和订货会议，邀请全国各地的经销商共10家，以及本市著名三大酒店的总经理参加此次会议。会议大力推出2010年新品“清凉一夏”系列啤酒。

（3）实训内容。假定你是该公司总经理秘书王×，会议结束后，回顾两天的会议内容，总结出一些经验教训。比如，可以在会议期间安排新闻媒体参与并作报道，以扩大影响，起到更好的宣传效果；后勤部门应将会议期间的生活服务安排得更为妥当，争取今后此类会议办得更好等。请演示会议总结工作的过程，将会议经验教训写成小结，并上报给总经理。

模块四

其他类型会议的组织与管理

任务1　开业庆典的组织与管理

学习目标

- 了解庆典活动的类型，开业庆典主题、时机的选择
- 掌握庆典的准备工作，庆典的程序等
- 能够拟订开业庆典活动的筹备方案

任务引入

5A 旅游公司是一家从事旅游景区开发、管理经营、旅行社经营的综合性旅游企业。公司投资 2 亿元开发的九龙湖旅游区经过一年多时间的建设已全面完工。为了开拓新景区业务，更为全面地向市场介绍九龙湖旅游区的特色，公司计划近期举办开业庆典。

请为该公司做出一份开业筹备方案，并做好相关筹备工作。

任务分析

开业庆典包括两项基本内容，一是开业庆典的筹备，二是开业庆典的具体实施。做好开业典礼筹备工作、拟写筹备方案，首先要弄清楚开业典礼的时间、地点，会议的主要内容，参加会议的人员等要素；其次是按照庆典方案做好各项筹备工作。

相关知识

一、开业庆典的定义

开业庆典，是指在单位创建、开业，项目完工、落成之际，为了表示庆贺或纪念，而按照一定的程序所举行的专门的仪式。

开业庆典由于场合的不同，它通常又会使用另外一种名称，如开业典礼、竣工仪式、奠基仪式、交接仪式等。它们的共性，都是要按照有关仪式礼仪的规范严格办事，热烈而隆重。

随着对外交往的增加和经济事业、公共关系的发展，需要举办开业仪式的活动逐渐增多了。一般来说，任何一个单位的建立、开业，或是某个项目的落成、移交等，当事者通常都

要专门为此而举办开业仪式。这既可以为自己庆贺，又可以引起社会各界的关注，提高自己的知名度。因此，开业仪式往往受到商家、政府机关及其他当事者的重视。

二、开业庆典的筹备工作

1. 成立开业庆典筹委会，专门策划并落实庆典工作

开业庆典牵涉到方方面面，各项工作相互连接，相互联系，彼此交叉，必须统筹安排，因此，组织、沟通和协调非常重要。通过成立筹委会来及时协调、组织各项筹备工作，能够提高筹备工作效率。

庆典筹备工作委员会负责人一般由公司的副总经理担任，重要的开业庆典可由总经理担任，成员由公司各部门经理或副经理担任。根据庆典规模大小、任务多少，一般下设宣传报道组，会务接待组，现场筹备组，后勤保障组，安全保卫组，礼仪、文艺演出组等若干小组，各小组具体分工、各司其职、紧密协作。

2. 确定庆典活动主题

开业庆典是重要的公关活动，对内可以增加员工对公司的信心，加强公司的凝聚力；对外扩大宣传，增进了解，树立企业在公众中的良好形象，提高企业知名度和美誉度。因此举办方应当根据举办庆典活动的具体目的以及社会环境、人文环境等因素来确定活动主题。

3. 确定时间与地点

主题确定后，要进一步确定庆典的时间和地点。

选择时间应考虑的因素包括：

（1）关注天气情况，提前向气象部门咨询近期天气情况，尽量选择晴朗无风的天气。

（2）选择主要嘉宾和领导能够参加的时间，选择大多数目标公众能够参加的时间。

（3）考虑周围居民生活习惯，避免因过早或过晚而扰民，一般安排在上午 9：30～11：30 之间最恰当，历时不宜过长，一般控制在 1～2 个小时。

选择地点时，一般来说应设在企业经营所在地、目标公众所在地或租用大型会议场所。要考虑场地是否够用，场内空间与场外空间的比例是否合适，交通是否便利，停车位是否足够。

4. 进行宣传铺垫，提升庆典活动效果

开业庆典最重要的事项是向社会各界公众、同人展示企业形象，提高知名度和美誉度，此时舆论宣传至关重要。在开业庆典举办前，企业可以适当地开展广告宣传活动为庆典活动作铺垫，以提升活动效果。

企业可以选择有效的大众传播媒介，在报纸、电台、电视台等进行集中的广告宣传，内容一般包括企业的整体形象、功能及即将开业的信息；庆典活动的举办日期、规模和方式等。

5. 拟订邀请宾客名单，提前呈送请柬

开业庆典活动影响的大小，往往取决于来宾身份高低与数量多少。一般来讲，邀请来宾的范围包括：

（1）政府领导。企业所在地政府领导、业务主管部门领导，感谢他们对本企业的关心和支持。

（2）上级领导。

（3）社会名流。邀请社会名流参加商务庆典活动，是为了更好地提高本企业或组织的知名度。比如企业产品形象代言人、影视明星、各种商会领导。

（4）新闻记者。通过新闻记者对开业庆典活动的报道宣传，加深公众对本企业或组织的了解与认可，扩大社会影响。

（5）同行人士。邀请同行业人士参加开业庆典活动，表示希望有更多、更好的合作的良好愿望。

（6）社区代表。邀请社区代表的目的是搞好本企业或组织与本地区的关系，让更多的人关心、支持本企业或组织的发展。

（7）员工代表。员工是企业或组织的主人，每一项成就的取得都离不开员工的辛勤工作，参加庆典活动会让员工更有归属感和荣誉感。

6. 确定关键仪式人员，并及时通知传达

开业庆典关键仪式人员包括主持人、致贺词人、致答词人、剪彩人员、揭牌人员、挂牌人员等。

主持人可以是本公司领导（一般为公司副总），也可以是有一定影响的电台、电视台或礼仪庆典公司的主持人。主持人应当仪表端庄、仪态大方、反应机敏、口才良好，并熟悉整个活动的程序。致贺词人、剪彩人员、揭牌人员、挂牌人员一般由上级领导和来宾中德高望重的知名人士担任。致答词人一般为本公司最高领导。

确定关键仪式人员应事先和对方进行沟通和确认，以便其做好准备。秘书还应为本公司负责人拟写答词。有些情况下客人的贺词也需要主办方来撰写。

7. 拟订开业庆典程序

每次开业庆典活动的内容和程序因活动场合不同会有不同，应视具体情况安排，一般包括如下内容：

（1）主持人宣布庆典活动开始。

（2）宣读重要领导、嘉宾名单。

（3）宣读贺喜单位贺信或贺喜单位名单。

（4）来宾代表致贺词。

（5）主办方代表致答词。

（6）剪彩或揭牌或挂牌（同时鸣鞭炮、敲锣鼓、放彩带、飞鸽、气球等）。

（7）酌情安排宴请或文艺演出。

（8）留影、题字等。

8. 安排各项接待事宜和工作人员分工

接待工作应安排专人负责，事先确定签到、接待、剪彩（或揭牌）、放鞭炮、摄影、录像、扩音等有关礼仪服务人员。这些人员应在庆典前到达指定岗位。安排专门的接待室，以方便来宾在活动正式开始前休息或与相关人员交谈。

重要来宾应由公司负责人亲自接待。入场、签到、剪彩、宴请、留言等活动均需提前安排好专人领位。

9. 制作经费预算

根据开业庆典的规格和规模做出可行的经费预算。一般有租场费、印刷费、会场布置费、茶点费、礼品费、文具费、邮费、电话费、交通费等。

10. 细心做好会场布置

开业庆典活动会场布置应当体现出热烈、欢快、隆重、喜庆的特色。

会场布置一般包括以下内容：

(1) 典礼台的背景布置。典礼台的设计为长方体，一般长 25 米，宽 20 米，高 1 米。按照惯例，在室外举行开业典礼时宾主一律站立，一般不布置主席台或坐椅。主题背景板，内容含主题、颜色，字体注意美观大方，颜色以喜庆、热烈为宜。典礼台上与台前摆放鲜花、绿色植物，铺设红地毯。如图 4—1—1 所示。

图 4—1—1 典礼台

(2) 条幅和空飘气球。在典礼现场悬挂各类祝贺性的横幅或竖幅、空飘气球，条幅一般以红底白字或是红底黄字为宜。如图 4—1—2 和图 4—1—3 所示。

(3) 拱门。一般在典礼现场进口处设置拱门，拱门上可悬挂欢迎横幅，如图 4—1—4 所示。

热烈祝贺浙江5A旅游公司隆重开业！

图 4—1—2 典礼横幅

图 4—1—3 空飘气球

图 4—1—4 拱门

(4) 红地毯。为显示隆重与敬客，可在来宾尤其是贵宾站立之处铺设红色地毯，如图 4—1—5 所示。

(5) 花篮。在现场入口处或是红地毯两侧摆放花篮。花篮飘带上的一条写上“热烈庆祝××开业庆典”字样，另一条写上庆贺方的名称，如图 4—1—5 所示。

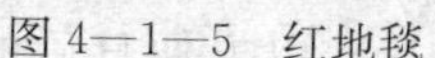
图 4—1—5　红地毯

图 4—1—6　花篮

（6）签到处。摆放鲜花、签到本、签到笔、胸花等。除此之外，为了介绍宣传公司还可在现场摆放 POP、展板等。如图 4—1—7 所示。

图 4—1—7　现场签到处布置样式

（7）调试音响设备。扩音设备应事先调试好，确保现场使用无误，尤其是供来宾讲话使用的麦克风和传声设备，不能在关键时刻出现故障。扩音话筒以准备 3 个为宜。在庆典举行前后，通常播放一些喜庆欢快的乐曲，烘托庆典的气氛。对于播放的乐曲，要事先进行审查，以免随意播放背离庆典主题的乐曲。相关的摄影、录像等设备也要准备和调试好。

11. 做好其他准备工作

（1）做好余兴节目的排练。在庆典过程中往往会安排如锣鼓、鞭炮礼花、舞狮耍龙、乐队伴奏、民间舞蹈、歌舞节目等，要认真做好相关准备工作。

（2）做好典礼各方面物品准备。典礼过程中需要使用的相机、笔记本电脑、车辆、企业或组织的宣传册、剪彩的彩带、剪刀、手套、托盘等物品也要检查是否准备齐全。

（3）做好礼品准备。赠与来宾的礼品，根据常规，向来宾赠送的礼品有四大特征：

第一，宣传性。可选用本单位的产品，也可在礼品及其外包装上印有本单位的企业标志、产品图案、广告用语、开业日期、联系方式等。

第二，荣誉性。礼品制作精美，如名人字画，使拥有者为之感到光荣和自豪。

第三，价值性。具有一定的纪念意义，使拥有者对其珍惜、重视。

第四，实用性。礼品应具有较广泛的使用场合，以取得宣传效应。

三、开业庆典的组织实施

1. 典礼前检查

开业庆典对于一个企业来说有着重要意义，成功与否至关重要。因此。在典礼嘉宾莅临前应当再次对各项准备工作进行检查，尤其是会场准备情况，发现问题及时解决。

典礼前检查包括：人员检查、物品检查、资料检查、礼品检查、会场检查等。为了提高检查效率，工作人员可以提前制作检查表。

2. 接待签到

（1）停车接待。停车场安排专人负责指挥车辆排放。

（2）正门接待。有公司主要负责人与礼仪小姐在正门接待来宾，引领入休息室。接待贵宾时，需由本公司主要负责人亲自出面。在接待其他来宾时则可由本单位的礼仪小姐负责。

来宾到达之后还应由专人负责签到。签到时，可以将本企业的宣传或说明资料发给来宾，以扩大企业或组织的知名度。还可以与来宾交换公司领导名片，以方便日后的联络沟通。

（3）服务接待。有服务小姐安排落座。

3. 开业庆典进程

开业庆典，按照庆典程序依次进行。

在开业庆典中往往会举行剪彩或是揭牌仪式，两者方法分别如下：

（1）剪彩的方法

1）人员确定。剪彩人员一般应由公司领导和嘉宾中地位最高人士、知名人士、主管部门负责人、上级领导担任为宜。

助剪人员分为引导者、拉彩者、捧花者与托盘者，一般由经过训练、形象较好的礼仪小姐担任。引导者可以为一人，也可以替每一位剪彩者配一名引导者。拉彩者应有两名。捧花者的人数则应视花数而定，一般应当一人一花。托盘者可以是一人，也可以为一名剪彩者配一名托盘者。

2）剪彩程序。剪彩开始前，助剪人员应各就各位。拉彩者与捧花者应当面含微笑，在既定位置上拉直缎带，捧好花朵。主席台上的人员一般要距离剪彩者之后 1～2 米处。

当司仪宣布剪彩开始，引导者应带领剪彩者走到红色缎带之前，面向全体出席者站好，然后引导者从剪彩者身后退下。接着，托盘者从左后侧上场，依次为剪彩者送上剪刀与手套，当剪彩者剪彩时，应在其左后侧约 1 米处恭候。

在剪彩时，剪彩者应同时行动。剪彩之前，剪彩者应先向拉彩者与捧花者示意，随后动手剪彩，动作利索，要“一刀两断”。捧花者要注意，不要让花朵掉落在地。这时，司仪带领全体来宾鼓掌，乐队奏乐。

剪彩完毕，剪彩者脱下手套，将它与剪刀一起放进托盘里。托盘者与拉彩者、捧花者后退两步，然后一起依次列队从左侧退下。

（2）揭牌的方法

揭牌人走到彩幕前恭立，礼仪小姐双手将开启彩幕的彩索递给对方，揭牌人目视彩幕，双手拉动彩索，使之开启。全场目视彩幕，鼓掌、奏乐。

4. 典礼的结束工作

开业庆典活动结束后可有选择地开展一些其他的公关活动。

（1）组织参观生产、经营、服务现场，进一步展示组织新形象。

（2）通过座谈会和留言簿的形式广泛征求意见和建议。

（3）宴请招待，要特别做好媒体人员和知名人士的招待工作。

（4）向嘉宾发放宣传材料和赠送有特殊标记的纪念品，增加纪念活动在公众中的持久影响。

（5）做好嘉宾的送别、感谢致意等工作。

任务实施

根据开业庆典的筹备以及组织实施的注意要点，拟订了5A旅游公司开业庆典筹备方案，具体内容如下：

5A旅游公司九龙湖旅游区开业庆典筹备方案

经过一年多的改造建设，九龙湖旅游区计划近期举行开业庆典。为确保本次庆典活动能够高水平、高质量地举行，全面、统筹考虑并安排好其中各个环节的预备工作；同时，充分利用此次庆典活动加大宣传，力求在短期内提高九龙湖旅游区的知名度和社会影响，特制订本筹备方案。

一、主题

峡谷九龙，湖山镜水

二、时间与地点

初步确定庆典日程如下：

庆典时间：2010年4月16日上午9：30～11：30

庆典地点：九龙湖旅游区门前广场

三、组织机构与人员分工

1. 开业庆典筹备小组

组长：肖涛（董事长）

成员：尹玉　庞东　于波　杨洪　王键、徐秀贞、杜伟　徐键

2. 分工：

邀请嘉宾：尹玉　　　　接待服务：尹玉　庞东

文案材料：杨洪　　　　餐饮接待：杜伟

市场宣传：庞东　　　　安全保卫：王键　徐秀贞

纪念品准备和装资料袋：于波　　　　会场布置：尹玉　王键　徐秀贞　杜伟

四、现场布置

1. 开业典礼主席台，九龙湖景区大门前。

2. 会场布置由九龙湖旅游区管委会、庆典礼仪公司和演出公司共同布置。

3. 演出舞台由歌舞团杨振团长提供4.8/9.6/1.1米的专业舞台，15日下午到位，同时提供会场主音响。

4. 九龙湖旅游区管委会负责扎制背景架子，悬挂背景喷绘画布，提供电源和电话线。

5. 庆典礼仪公司布置彩虹门、气球、条幅，礼炮和剪彩、揭牌仪式所需物品（音响、麦克风、地毯、礼炮、氢气球、条幅、彩虹门、花篮、花盆树木、桌牌，胸花，鞭炮、红绸、矿泉水等）。

6. 会场由九龙湖旅游区管委会与庆典礼仪公司布置。

五、工作进程

1. 邀请嘉宾

已制作完成邀请函，见附件1。

准备邀请嘉宾的名单已通过各部门上报，完成了初步名单，见附件2。

其中包括：

省、市、县各级旅游局领导及部分党政领导20人左右（肖涛总经理提供）。

县内各部委办局领导及部分知名人士，九龙乡镇主要领导，各办所负责人及部分村委书记，大约212人。

签约旅行社经理90人左右。

邻近友好景区、酒店负责人20人左右（市场部提供）。

中央电视台、山东卫视记者，《中国旅游报》、网络媒体记者50人左右（市场部提供）。

2. 接待服务

(1) 安排好接待人员，并集中培训。接待人员包括指定接待、电话接待、现场登记、纪念品发放人员。接待人员名单4月8日前确定，并集中培训。

(2) 4月1日前联系好接待宾馆；4月13日至14日根据初步确定嘉宾名单安排宾馆房间。

(3) 4月10日前联系接送嘉宾车辆，配备庆典使用车辆等。

3. 纪念品准备和装资料袋

(1) 4月9日前确定纪念品并完成采购任务。

(2) 4月14日完成资料装袋，包括公司简介，产品宣传画册、庆典程序手册等。

4. 文案材料

(1) 编制庆典程序手册。

(2) 起草领导讲话并报领导审阅。

(3) 编制媒体新闻通稿。

(4) 编制接待方案。

六、典礼程序

1. 9：30～10：00嘉宾报到，发放纪念品、材料及嘉宾证（胸花）。

2. 10：00电视台王晗主持，宣布九龙湖开业庆典正式开始。

3. 主持人介绍出席庆典的领导和嘉宾。

4. 由区委书记致欢迎词。

5. 省市旅游局领导讲话。

6. 市领导讲话。

7. 肖涛董事长致辞。

8. 剪彩仪式。

9. 庆典后文艺表演开始，穿插锣鼓队表演。

10. 安排嘉宾分批参观游览九龙湖景区。

11. 11：30午宴。

七、经费预算

印刷费：1 000 元

会场布置费：8 500 元

招待费：10 000 元

礼品费：15 000 元

交通费：10 000 元

人员工资：12 000 元

机动经费：5 000 元

演出费：8 000 元

附件 1　5A 旅游公司开业典礼邀请函

附件 2　5A 旅游公司开业典礼拟邀请宾客名单

5A 旅游公司总经理办公室

2010 年 1 月

附件 1

5A 旅游公司九龙湖旅游区开业庆典邀请函

尊敬的＿＿＿＿＿女士/先生：

您好！

浙江 5A 旅游公司定于 2010 年 4 月 16 日，在九龙湖旅游区门前广场举行开业庆典。诚意邀请阁下莅临！

时　　间：2010 年 4 月 16 日上午 9：30～11：30

地　　点：九龙湖旅游区门前广场

联系方式：5A 旅游公司总经理办公室张天翔

电　　话：0573－8631××××

电子邮件：zhangtianxiang@126. com

传　　真：0573－8631××××

5A 旅游公司九龙湖旅游区开业庆典回执

姓　　名：　　　　公司：　　　　职　　务：

移动电话：　　　　联系电话：

地　　址：　　　　邮　　编：

电子邮箱：　　　　网　　址：

预计到达时间：　　　　是否需要安排返程票：

是否预定住宿：　　　　其他要求：

注：会议安排 15 日住宿在镇海雄镇大酒店，地址：杭州海南大街 27 号。如有其他要求请提前联系，以便我们协助办理。

请于 3 月 22 日前填写本表，并回传至：0573—8631××××或发邮件 zhangtianxiang@

126.com通知我们，我们随后发请柬，会议凭请柬入场，谢谢！

附件2

5A旅游公司九龙湖旅游区开业庆典拟邀请宾客名单

姓名	单位	职务	联系方式	备注
李祥农	省旅游局	副局长	××××	
王海波	市旅游局	局长	××××	
张明华	佳行旅游公司	总经理	××××	
周港	九龙湖区	副区长	××××	
……	……	……	……	

练习与实训

一、思考与练习

1. 不定项选择题

(1) 开业庆典活动的宣传方式有（　　）。

A. 企业内部网站　　B. 报社　　C. 广播　　D. 电视

(2) 开业庆典活动影响的大小，往往取决于来宾身份高低与数量多少。一般来讲，邀请来宾的范围包括（　　）。

A. 政府领导　　B. 上级领导　　C. 同行人士　　D. 影视明星

(3) 开业庆典上根据常规向来宾赠送的礼品有（　　）等特征。

A. 宣传性　　B. 荣誉性　　C. 价值性　　D. 实用性

2. 问答题

(1) 开业庆典选择时间应考虑哪些方面的因素?

(2) 开业庆典的程序一般包括哪几个方面的内容?

二、实训

1. 拟订开业典礼方案

(1) 实训目标。通过本实训，使学生掌握开业庆典的程序方案。

(2) 实训背景。某公司准备于1月12日在公司所在地隆重举行连锁店开业典礼，届时会有当地的各界商业人士、政府领导及新闻媒体参加。

(3) 实训内容。假定你是经理秘书小燕，经理要求你起草开业典礼的程序方案，在周一召开公司例会前给他。

2. 周年庆典仪式

(1) 实训目标。通过本实训，使学生掌握公司周年庆典活动的方案设计。

(2) 实训背景。2010年，宏腾公司将迎来10周年庆典。为了总结10年发展经验，更好地激励员工，公司决定举行10周年庆典活动。

(3) 实训内容。假定你是经理秘书小燕，请根据经理的要求，起草此次活动的程序方案，在两天后给他。

任务 2　新闻发布会的组织与管理

学习目标

- 了解新闻发布会的基本知识，新闻发布会主题、时机的选择
- 掌握新闻发布会的准备工作、程序等
- 能够拟订新闻发布会筹备方案

任务引入

国内 A 石化企业研制出一种高标汽油。首先，使用该高标汽油之后，车辆动力性能会明显提升，提速时间大大缩短。另外燃料中的碳氢成分在发动机中燃烧会更加充分，这种增量燃烧的产物也能在一定程度上转化为动力。其次，使用高标汽油能有效减少尾气排放，降低污染。

A 企业准备在广东大规模上市该汽油产品，为此他们准备在广州召开新闻发布会。由于广东地区高档汽车数量多，车主对高标汽油需求量大，因此，企业决定花大力气做好本次新闻发布会。

请完成本次新闻发布会方案拟写和具体组织工作。

任务分析

新闻发布会包括筹备工作、组织实施、会后评估三项基本内容。新闻发布会策划必须清楚发布会所要达成的目标，发布会的类型，以确定其规格、方向和基本风格。要选择确定新闻发布会的主题、时机，选择发布会时间、地点，做好人员安排、资料准备，设计发布会程序并完成善后工作。

相关知识

一、新闻发布会的含义

新闻发布会，是政府、企业、社会团体或个人把各新闻机构的记者召集在一起，宣布某一消息，并就这一消息让记者提问，由专人回答问题的一种活动。新闻发布会是企业与公众沟通的例行方式。新闻发布会的召开，要有一个具体而充分的理由，或是解释一件已为许多人知道但不够详细的事件，或者是公布一件人所未知的重大信息，或者是介绍一种新产品，或者是澄清某些造成重大影响的事实真相或内幕。只有在确认召开新闻发布会的必要性和可能性后，才可决定举行新闻发布会。

二、新闻发布会的组织工作

企业是否能通过新闻发布会将组织的有关信息成功地传递出去，并借此树立自己的形象，提高组织的知名度、美誉度，关键在于新闻发布会的筹备。一般来说，组织好一次新闻发布会需要做好以下工作：

1. 确定开会必要性和会议议题

开会之前必须对所要发布的信息是否重要、是否具有进行广泛传播的新闻价值以及新闻发布会的紧迫性和最佳时机进行分析研究，不要让媒体感到参加本来可以由其他形式代替的新闻发布会是浪费时间。企业中具有新闻发布价值的事件，也就是适合召开新闻发布会的时机包括：

（1）新产品、新技术的开发与投产、上市。

（2）取得最新纪录的销售业绩。

（3）扩大生产规模。

（4）经营方针的改变或出台新举措。

（5）公司人员有重大调整。

（6）聘请明星、名人做形象代言人。

（7）发生危机事件。

（8）组织重大的庆祝活动。

（9）公司及产品（服务）已成为某一公众关注问题的一部分。

（10）公司或其他成员已成为众矢之的。

2. 确定会议时间和地点

（1）时间选择。新闻发布会的目的就是为了造声势，扩大影响，因此为了吸引更多的记者参加，提高记者的出席率，时间上就应有选择。

首先，发布会最佳时间通常在周二至周四的上午10时至12时、下午3时至5时左右。周一可能忙于检查上周的工作，周五由于临近周末，人心容易涣散，对新闻报道往往不予重视。安排在下午更好，这样一方面是为了有更多的时间准备，另外也更符合记者的生活习惯。

新闻发布会一般情况下时间也不应过长，以半小时左右为宜，最好不要超过一个小时。时间太长，易节外生枝，冲淡主题，影响预期目的。

其次，避免周末或假日。

再次，要避开重要的政治事件和社会事件，媒体对这些事件的大篇幅报道任务会冲淡发布会的传播效果。

最后，如果邀请外国记者，应注意避开外交部、国台办和国务院新闻办公室等部门的发布会和记者招待会。如时间与这些部门新闻发布会时间重合，外国记者出席率会大打折扣。

（2）地点选择。新闻发布会的地点，可以选择本企业或组织的所在地，也可以选择活动或事件的所在地；可以酌情选择本企业或组织的会议厅、多功能厅等，也可以酌情选择租用大宾馆、大饭店等；如果希望扩大影响面，还可以考虑选择首都或有影响的大城市，也可以在不同地点召开内容相同或相似的新闻发布会。

3. 确定主持人和发言人

新闻发布会一般由公关部门负责人或办公室主任、秘书长等主持。

新闻发言人由企业或部门的高级领导担任，因为他们清楚组织的整体情况、方针、政策和计划等问题，熟悉媒体运作规律，并能通过媒体把信息有效地发布出去。

4. 确定被邀请记者的范围

（1）邀请范围。该邀请哪些记者得根据期望的传播范围来确定。一般来讲，要着眼于下列因素综合考虑：

1）新闻发布会的主题是什么。

2）新闻发布会的内容传播范围需要多大。

3）新闻发布会涉及的行业是什么。

4）某媒体（记者）的社会形象、受众口碑怎样。

5）是否需要借发布会之机改善和提升本企业或组织与某媒体（记者）的关系。

（2）邀请技巧。邀请媒体的技巧很重要，既要吸引记者参加，又不能过多透露将要发布的新闻。对与自己联系比较多的媒体记者可以采取直接电话邀请的方式，相对不是很熟悉的媒体或发布内容比较严肃、庄重时可以采取书面邀请函的方式。带有公司标志的邀请信函表明新闻发布会是很正规的。信件中最好不注明会议联系人的全名和个人电话。这是为了不让记者作提前采访或提前得到新闻发布会的细节。否则，如向他们提前透露了一些消息，就会伤害其他记者。如果媒体离公司不远，就亲自送去。

邀请的时间一般以提前3～5天为宜，注意不要送得太早，以致邀请信埋没于文件堆里，但也应给对方留出一定的时间。可以及时电话询问信件是否如期送达，对方是否与会等。

5. 准备发言和相关资料

（1）发言提纲。即发言人在发布会上正式发言时的发言提要。召开新闻发布会之前，发言人对本组织所发生的重大事件要有详细周密的调查和研究，对事情发生的来龙去脉要一清二楚。诸如问题产生的原因、造成的损失、产生的影响、采取的善后措施、解决问题的态度、发展变化的趋势等，发言人均应了如指掌，以备记者咨询时对答如流。

（2）新闻通稿。为了统一宣传口径，新闻发布会时企业需要组织新闻通稿，以提供给需要的新闻媒体。新闻通稿应该准备两篇以上，至少保证一篇消息，一篇通讯。消息中应该包括整个事件的过程，通讯则是对消息内容的补充。可以是整个事件组织的背景情况介绍，也可以是一些花絮或者是企业中参与事件的人物故事等。

新闻通稿最好提前发给记者，这意味着当记者一来签到时就能拿到它，可以一边听一边翻看。如爱德曼国际公关公司就建议客户不必担心记者在听讲时只浏览到材料的标题——因为专业记者已习惯于边搜索信息边听讲。不过，材料要设计得便于快速阅读，不要冗长拖沓。

（3）背景材料。一般应当包括新闻发布会涉及的新闻时间要点、组织发展简史、技术手册、发言人介绍、通信录、名片等，方便记者挖掘新闻事件和日后联系之用。新闻通稿和背景材料的封面也应加以留意，要打印有公司标志，以建立公众认知。

（4）声像材料。根据发布会需要，工作人员还应准备图片、音像、录像等的声像材料，加深与会者对会议主题的认识和理解，提高会议效果。

6. 制作经费预算

费用应根据所举行新闻发布会的规格或规模做出可行的经费预算。一般有租场费、印刷费、会场布置费、茶点费、礼品费、文具费、邮费、电话费、交通费等。

7. 布置会场

（1）现场背景布置。主题背景板，内容含主题、会议日期，有的会写上召开城市，颜色、字体注意美观大方，颜色可以企业VI为基准，如图4—2—1所示。

（2）外围布置。如酒店外横幅、竖幅、飘空气球、拱形门等。

（3）席位摆放。发布会一般是主席台加会场课桌式摆放。需摆放席卡，以方便记者记录

图 4—2—1　现场背景布置

发言人姓名。摆放原则是“职位高者靠前靠中，本公司人员靠边靠后”。现在很多会议采用主席台只有主持人位和发言席，贵宾坐于下面的第一排的方式。

摆放回字形会议桌的发布会现在也较多，发言人坐在中间，两侧及对面摆放新闻记者座席，这样便于沟通，同时也有利于摄影记者拍照。

在席位摆放时要注意席位的预留，一般在会场后面准备一些无桌子的座席。还要对座席分别标明“记者席”“主持人席”“工作人员席”，主持人、发言人还应设置标明职务的台签，以便记者识别。

（4）发布会其他设备安排和人员安排。调试麦克风和音响设备。需要做展示的内容还包括投影仪、笔记本电脑、上网连接设备、投影幕布等，相关设备在发布会前要反复调试，保证不出故障。

在大堂、电梯口、转弯处要有导引指示欢迎牌，一般酒店有这项服务。事先可安排礼仪小姐迎宾。如果是企业内部的发布会，也要酌情安排人员做记者引导工作。

在合适的地点安排人员接待记者，设置签到台与签到簿以及“请赐名片”盒；安排人员发放会议资料，准备好录音、录像设备、文具用品、饮料茶水等。

任务实施

根据新闻发布会的筹备以及组织实施的基本方法和注意要点，拟订了 A 石化公司新闻发布会筹划方案，具体内容如下：

A 石化公司高标汽油推广新闻发布会策划方案

一、主题

倡导环保　石化先行——高标汽油环保典范

二、时间

2010 年 7 月 8 日（星期二）

三、地点

广州宾馆（广州市起义路 2 号海珠广场）

四、邀请单位

省市石油公司、省市交通局、广州市质检局、市环保局、市园林局、市气象局、《广州日报》《信息时报》《南方周末》《羊城晚报》《南方都市报》、《南方日报》、南方电视台、广州电视台、广东电视台珠江频道等。

五、会议材料

1. 省石油公司领导讲话稿，主题内容为××省内及××市汽车燃油使用标号概况。

2. 省交通局领导讲话稿，主题内容为省市机动车交通概况，重点为交通与安全问题。

3. 技术宣讲材料，主题内容为高标号汽油与一般标号汽油的区别，重点突出使用高标号汽油的好处。

4. 记者通稿，舆论引导，重点宣传汽车交通与安全及环境保护的关系；使用高标号汽油，有利汽车保养，有利环境保护，事关生命健康问题。

六、会议流程安排

9：00～9：30　　签到。

9：30～9：40　　主持人宣布活动开始，并对本次活动作简单介绍。

9：45～9：55　　省石油公司领导讲话。

10：00～10：10　　省交通局领导讲话。

10：15～10：25　　市环保局领导讲话。

10：30～11：00　　高标号汽油技术宣讲。

11：00～11：30　　答记者问。

11：30　　省市有关领导和记者共进午餐，各方沟通交流，力争在相关媒体上把本次推广活动的广告宣传工作做到位，以收到良好的经济效益和社会效果。

七、广告宣传计划

1. 会议前三天在市内各大汽车交易及维修中心悬挂活动宣传条幅，并在地理位置优越的单位作重点宣传。如在××汽车交易中心门口放置巨型充气油桶模型，绿底白字，上面印有××牌93＃高标汽油及本次发布会的相关宣传内容。

2. 报纸及电视媒体的广告宣传支持。

八、布场及布场物料

1. 会场部分。舞台背景板、会议专用长形桌、椅子、音响、嘉宾胸花、嘉宾名牌、文件资料袋、空白信封（礼包）、稿纸、圆珠笔等。

2. 会场外部分。大型充气拱门、空飘气球、巨型充气高标汽油桶模型、绿旗、条幅。

九、活动预算

1. 场租费

4 000 元/天，半天 2 000 元

2. 会场布置费

拱门：（1 800 元/套）×3 套＝5 400 元

高级 PVC 空飘气球：（600 元/个）×6 个＝3 600 元

彩旗：（8 元/面）×600 面＝4 800 元

巨型充气油桶模型：（700 元/个）×8 个＝5 600 元

条幅：1.5 m 宽，14 元/m，8 m 长，80 条，共 8 960 元

背景板（喷画）：3 m×8 m×60 元/m^2=1 440 元

3. 印刷费

宣传单：(0.3 元/张）×50 000 张=15 000 元

4. 礼品费

(500 元/人）×45 人=22 500 元

合计：69 300 元

十、策划说明

1. 本次新闻发布会将地点选在广州宾馆，这里比较繁华，人流集中，便于活动主题的社会推广。

2. 本方案最突出的一点是充气模型的创意运用，一个个清新醒目的油桶模型，象征着高标汽油的环保性。

3. 用环保汽油是对自然的尊重，是对大众生命健康的一种关爱。

4. 本次推广会所有的宣传资料以及会场布置的主题色调定为“绿色”，以突出“安全、健康、环保”的主题；绿意昂然，生机勃勃。

练习与实训

一、思考与练习

1. 新闻发布会的时间选择应注意哪些问题？

2. 新闻发布会的程序有哪些？

二、实训

1. 新闻发布会实训

(1) 实训目标。通过本实训，使学生掌握新闻发布会的礼仪和程序，懂得新闻发布会的筹划及准备工作，并能在新闻发布会中运用相关技能。

(2) 实训背景。某职业学院第三届秘书职业技能大赛计划于 11 月 9 日至 12 月 28 日召开，本届大赛包括硬笔书法、英文演讲、古诗文诵读、文字录入、现场作文，公文写作制作、手抄报、秘书职业技能知识竞赛、毕业生简历制作大赛等九个竞赛项目。此外在大赛进行期间还将举行白云讲坛系列学术报告会、秘书协会成立大会、浙江工商大学自考助考班开学典礼、企业参观交流、新老生文体联谊等活动。

为使本次活动获得成功，拟举办一次新闻发布会。发布会由丽水职业技术学院秘书协会筹办。

(3) 实训内容。假定你是秘书协会秘书，请你起草新闻发布会方案，并在近期组织召开。

2. 新产品发布会实训

(1) 实训目标。通过本实训，使学生掌握新产品发布会的礼仪和程序，懂得新产品发布会的筹划及准备工作，并能在新产品发布会中运用相关技能。

(2) 实训背景。某集团计划近期推出其新产品——“维 C 牙膏”，为了做好市场推广工作，公司计划召开新产品发布会。

(3) 实训内容。假定你是公司公关部秘书，请你起草新产品发布会方案，并做好相关组织工作。

模块五

综合实训

综合实训1　新产品介绍、咨询暨订货会议

一、实训背景

江苏移动公司联合中兴通信为江苏省大学生开发了一款新型的学生手机，为了向江苏高校推广该产品，拟召开新产品介绍、咨询、洽谈暨订货会议。

二、实训内容

模拟秘书各个工作环节，分角色扮演；

写出各种书面材料并综合考核。

三、实训目标

通过项目实训、全真模拟，使学生养成预测分析、周密思考的职业习惯；培养、训练学生多项专业技能，检验学生理论知识的综合应用水平，以便学生轻松应对秘书各项管理工作。

四、实训方式

1. 以小组为单位进行全过程演练，结合讨论、模拟部分场景训练，分角色扮演。
2. 以个人为单位完成相关文件资料编写。
3. 以小组为单位，每组派出一名代表参加实训成果汇报，并将汇报材料制作成幻灯片。

五、实训提示

1. 会前筹备工作

(1) 教师根据会议筹备的流程，结合案例，进行实训指导。

要求：模拟演示总经理布置工作场景。

对应能力训练：领会领导意图能力、传达要领能力。

(2) 根据教师的实训指导，班级进行分组，每个小组设立组长一人，负责实训事务协调。

(3) 各小组召集筹备工作会议。

1) 明确大会主题——宣传介绍新产品，订购新产品，洽谈新业务。

2) 围绕主题，筹备大会方案——规模（与会人员50人，有关领导、专家10人，工作人员10人），时间（3天），大会议程，经费预算等。

要求：模拟演示筹备会场景。

拟写会议计划。（在日程安排上，力求轻松、愉快的气氛。）

对应能力训练：策划能力、组织协调能力、写作能力。

（4）汇报会议筹备方案，接受教师审核，根据教师意见进行修改、完善，各小组进行成员分工。

1）准备会议资料。起草会议通知、回执、签到单、开幕词、领导讲话稿，制作人手一份的会务指南，新产品的情况资料（纸质、光盘）、订购合同等。

2）会务服务保障。及时准确发通知、接待、签到、分发资料物品、布置会场、安排食宿等。

3）宣传报道。联系新闻媒体，制作大幅宣传海报，编写会议纪要、会议简报，做好会议记录、会后总结等。

4）对外联络。联系旅游景点、预订返程票务、安排车辆接送、准备礼品等。

充分的会前准备，是会议取得成功的前提条件。做好上述工作后，上报领导和有关部门，提早准备安排，反复检查，力求各项准备万无一失。

要求：拟写会议通知、回执、签到单、开幕词、领导讲话稿，制作人手一份的会务指南，新产品的情况资料（纸质、光盘）、订购合同，制作大幅宣传海报等材料。

模拟演示 7 个场景——分工场景、电话联系确定到会情况场景、制作海报场景（要求图文并茂、新颖、独特、有创意，扩大宣传效果）、会场布置场景（演示厅，洽谈、品尝交流订货厅）、电话预约酒店食宿场景、联系新闻媒体场景、督促检查等场景。

对应能力训练：组织策划能力、协调能力、电子排版能力、文书写作能力、电话礼仪、制作 PPT 能力、安装使用现代会议设备能力、审美设计能力、督查能力、法律经济知识运用能力、对外交往能力。

会议如期召开，报到当天。

要求：模拟演示接待工作过程——接站、上下轿车座次顺序、引领（含电梯间）、介绍、握手、签到、递接名片、宴请等场景。

对应能力训练：各种场合的礼仪表现、公关沟通能力。

2. 会中的服务工作

（1）根据拟订的会议日程，组织会议正常进行——致开幕词、产品介绍、专家提供咨询、产品品尝、交流、订货。

要求：模拟演示会议记录、分发资料、开启饮料、倒饮料、倒茶、签订合同、合影等场景。拟写会议记录、会议纪要、会议简报。

对应能力训练：文书写作能力（会议记录、会议纪要、会议简报）、经济法律知识运用能力（合同）、签字仪式礼仪掌握及布置会场能力、会间临时调度应变能力。

（2）签订合同后，安排参观游览活动。

要求：收集相关旅游资源资料，确定旅游路线，担任导游，陪同客户出游名胜。并做全程模拟演示。

对应能力训练：收集资料能力、公关沟通能力、人文素养、语言交谈风度、协调应变能力。

（3）联系车辆，赠送礼品，分发与会人员通信录、照片，送行。

要求：演示电话预订机票场景、馈赠礼品、分发资料场景，送行场景。

对应能力训练：辅助办事能力、沟通能力、礼仪风貌。

3. 会后总结

回顾总结，肯定成绩，找出经验教训，妥善解决会议的遗留问题。

要求：拟写会后总结。

模拟演示收集整理归档会议资料场景，向领导汇报工作场景。

对应能力训练：总结分析能力、写作能力、文件整理归档能力、沟通汇总能力。

六、实训成果汇编

实训结束后，将实训期间形成的文字材料、图片资料、影像资料等进行整理，并装订成册，形成实训成果汇编。实训成果汇编主要包括以下资料：

1. 会议筹备方案；
2. 会议通知、回执；
3. 会议签到表；
4. 开幕词、领导讲话稿；
5. 人手一份的会务指南（公司概况、会议日程、会务服务联系方式等）；
6. 新产品的情况资料（纸质、光盘）；
7. 订购合同；
8. 大幅宣传海报；
9. 与会人员通信录；
10. 活动过程等照片；
11. 会议记录、会议纪要、会议简报；
12. 旅游资料及旅游路线；
13. 会议总结。

七、实训考核方式和标准

1. 实训考核方式

实训任务完成后，学生必须参加实训成果汇报。参加实训成果汇报，必须将汇报材料制作成幻灯片。汇报后，先由学生互评，接着由教师进行点评，最后教师根据学生实训任务完成情况，并结合学生成果汇报时的表现综合评分。

2. 评分标准

项目	分值比例（%）	评分要点
文字材料	40	格式正确，结构完整，条理清晰，排版符合规范
实训态度	20	工作主动，参与积极
小组协作情况	20	组内优化方案质量高，团体合作精神好，合作能力强
形象分	10	角色扮演准确，举止得体，语言清晰，富有感染力
成果汇报的表现	10	语言表达流利、表述准确，PPT 制作美观大方

综合实训2 文书拟写、商务接待与会议筹备

一、实训背景

南京永钢集团要申请成为中国钢铁生产协会会员单位，在经中国钢铁生产协会同意后，该集团拟在近期召开会员单位成立大会，届时将邀请国内知名的不锈钢研究专家谭平教授到会授牌、邀请省内兄弟公司负责人参加会议，会期两天，第一天召开分会成立大会、嘉宾致辞、授牌仪式、文艺演出等，第二天上午参观该集团的不锈钢生产基地，下午返程。

二、实训内容

1. 请以南京永钢集团的名义给中国钢铁生产协会拟写一份成立分会的请示，再以中国钢铁生产协会的名义发一份同意该集团为会员单位的批复，并根据实际情况模拟以下场景。

场景：2009年12月25日，南京永钢集团总经理吴良正把秘书李雪叫到办公室，让李雪给中国钢铁生产协会拟写一份关于加入中国钢铁生产协会，成为会员单位的请示，请示拟写好拿给他审核。

2. 接到中国钢铁生产协会的批复后，请拟一份分会成立大会筹备方案，交吴良正总经理审核，并模拟以下几个场景。

场景一：2010年3月25日上午，总经理吴良正打电话将秘书李雪叫到办公室，告诉她会员单位成立大会的主要内容、时间和地点，并向她强调此次会议的重要性，让她尽快写好会议筹备方案，以便各部门早做准备。同时，吴总经理还让李秘书为他准备一份正式开会时的欢迎词，发言时间不超过3分钟。请拟制一份会议计划和一份总经理发言稿。

场景二：3月26日，李秘书将写好的会议筹备方案交给吴总，吴总看过以后认为可行，在会议计划上签字批准。李秘书根据计划内容，给兄弟单位主要负责人发出邀请函，以快件邮寄的形式，将邀请函发送给省内五家著名的钢铁生产企业的老总和谭平教授，并在发出后第3天，打电话与这5位总经理联系，得到的信息是他们将准时赴会。请拟写一份邀请函，并演示发送邀请函的过程。

场景三：4月6日，李秘书和办公室同事讨论会场布置情况。根据会务分工总经理办公室秘书小刘协助李秘书进行现场布置，李秘书向小刘提出布置会场的要求：本次会议为会员单位成立大会，有揭牌仪式，会议地点选择在公司多功能厅，有投影仪和投影屏、设置主席台，并安排好主席台的座次，要准备横幅、有鲜花装饰等。请演示讨论会场布置的过程。

场景四：4月8日，李秘书打电话到江苏省会议中心——南京钟山宾馆为到会的嘉宾预订酒店房间，五位总经理将各带一位助理，10人均在4月12日下午达到，谭教授一人，4月12日中午到达。宾馆前台接待员为徐小姐，请演示秘书的电话预约过程。

场景五：4月13日上午8：30，李秘书将嘉宾引至会场，总经理吴良正和副总肖涛到门口迎接，吴总与客人们都认识，肖副总与客人们是初次见面。请演示接待工作过程。

场景六：4月13日上午9：00，会员单位成立会议开始，与会者进入会场签到，负责签到的工作人员是小陈。出席本次会议的主要有：总经理吴良正、副总肖涛、商务执行经理宋宾、人事经理刘云、技术执行经理方芳、李秘书，到会的嘉宾，公司员工代表等一同出席了

会议。会议由吴总经理主持，他先把到会嘉宾介绍给大家，然后致欢迎词，会议由李秘书负责记录，会场工作人员小陈负责发会议资料，同时负责倒茶等后勤服务。请演示会议开始的过程。

场景七：欢迎词完毕，邀请嘉宾代表天地集团夏炎总经理致辞。致辞完毕，举行揭牌仪式，由谭平教授和吴总经理一起揭牌。请演示揭牌的过程。

场景八：会议结束后，李秘书将本次会议形成的文件（包括会议计划、会议邀请函、领导发言稿、会议记录、照片等）收集齐全，整理后归档，请演示秘书收集文件归档的过程。

3. 会员单位成立时，由于邀请了谭平教授和省内同行专家，请你拟写一份接待方案一并交总经理审核，并模拟以下场景。

场景：国内著名的不锈钢研究专家谭平教授，坐 4 月 12 日上午 10 时的飞机，中午 12 时到南京禄口机场。请准备接站牌、车辆等，接到谭教授后，协助谭教授办理酒店入住手续。演示机场接待和宾馆入住手续的办理过程。

三、实训目标

通过实训，要求学生掌握商务接待的程序和方法，掌握接待中的礼仪；能够独立或者小组间协作，筹备中大型会议。

四、实训方式

1. 以小组为单位进行全过程演练，结合讨论、模拟部分场景训练，分角色扮演。

2. 以个人为单位完成相关文件资料拟写。

3. 以小组为单位，每组派出一名代表参加实训成果汇报，并将汇报材料制作成幻灯片。

五、实训提示

1. 书写请示的注意事项

（1）请示要坚持“一文一事”的原则。为便于上级机关批复，请示应一文一事，不能一文数事，如同综合报告，这样可避免辗转传递，影响工作效率。

（2）请示的主送机关只能是一个。不能搞多头请示，以免造成责任不明，互相推诿，或领导机关批复的意见不一致，出现下级机关难以处理的现象。如涉及几个上级机关，主送机关应是对请示事项有处理义务的上级机关，对其他上级机关则可用抄送的形式。

（3）要逐级请示。请示应按隶属关系逐级请示，一般不能越级。如遇特殊情况，如事情重大或特别紧急，若按常规逐级请示就会延误工作，或就同一问题曾多次向直接上级机关请示，却迟迟得不到答复等，可以越级向更高一级机关请示。但越级请示时，必须同时抄送越过的上级机关。

（4）如果是联合请示，应搞好会签，要充分协商，联合行文。

2. 会议筹备方案包含的要素选择

会议筹备有一定的程序和要素，不是说所有的会议都必须要素齐全，像这次会员单位成立大会、揭牌仪式的要素选择可以有以下几点：

选择布置会议场所、会场布置及会场布局，拟订会议议程和日程，确定与会者名单、制发会议邀请函，安排会议食宿，准备会议资料、会议用具，会议经费预算，检查设备，接站工作，报到、签到工作，对外宣传新闻媒体的邀请，照相服务等。

3. 接待方案包含的要素

(1) 确定接待规格;

(2) 拟订接待计划;

(3) 接待经费预算;

(4) 人员安排。

六、实训成果汇编

实训结束后,将实训期间形成的文字材料、图片资料、影像资料等进行整理,并装订成册,形成实训成果汇编。实训成果汇编主要包括以下资料内容:

1. 会议筹备方案;
2. 会议邀请函;
3. 会议签到表;
4. 开幕词、领导讲话稿;
5. 公司产品手册;
6. 大幅宣传海报;
7. 与会人员通讯录;
8. 活动过程等照片;
9. 会议记录、会议纪要、会议简报;
10. 会议总结。

七、实训考核方式和标准

1. 实训考核方式

实训任务完成后,学生必须参加实训成果汇报。参加实训成果汇报,必须将汇报材料制作成幻灯片。汇报后,先由学生互评,接着由教师进行点评,最后教师根据学生实训任务完成情况,并结合学生成果汇报时的表现综合评分。

2. 评分标准

项目	分值比例(%)	评分要点
文字材料	40	格式正确,结构完整,条理清晰,排版符合规范
实训态度	20	工作主动,参与积极
小组协作情况	20	组内优化方案质量高,团体合作精神好,合作能力强
形象分	10	角色扮演准确,举止得体,语言清晰,富有感染力
成果汇报的表现	10	语言表达流利、表述准确,PPT 制作美观大方

综合实训 3　课程学习总结与汇报

一、实训背景

某职业技术学院新闻传播系文秘专业毕业班学生,通过一学期的学习与实训,秘书专业知识和专业技能都得到了很大的提高。为了总结教学经验,现要求学生对本学期的课程学习进行总结，撰写实训总结，并设计制作演示文稿，参加学期实训成果汇报。要求学生对本学期的实训资料进行归类，装订成册，最后将装订的资料作为实训的最终成果。

二、实训内容

假定你是该系文秘专业毕业班学生，你将参与实训总结与汇报、实训资料整理与装订工作。

三、实训目标

通过实训，要求学生进一步掌握总结的写作方法、设计制作演示文稿的方法，锻炼学生的沟通能力、语言表达能力、团队协作精神以及整理资料的能力等。

四、实训方式

1. 将学生分成若干小组，每组 2～3 人，根据背景要求完成实训任务。

2. 利用计算机熟练准确地录入文图、表格数据等，并按规范的格式进行排版打印，打印时一律采用 A4 纸，正反打印，打印稿一式两份，学生自己保留一份，一份打印稿和电子文本以及 PPT 文本一并上交老师处，参与学期总评。

3. 全部实训任务应在两周内完成。

五、实训提示

1. 了解总结的类型和结构

总结的表现形式，大体上分为标题、正文、落款三项。

（1）标题。一般有三种模式：陈述式、论断式、概括式。

（2）正文。这是总结的核心部分。正文由前言、主体、结尾三部分组成。

（3）落款。主要是具名与日期。单位的具名要放在标题中或标题下方；个人总结的署名，一般写在正文的右下方。

撰写总结要做到：情况清、经验新、不溢美不护短。情况清，要求工作总结要点面结合，突出重点；交代环境和背景；详略得体，容易明白的少写，说明经验的多写。经验新，总结出一些新鲜、管用的经验，使本单位、本部门能够“超越自我”，前进一步。不溢美，不护短，语言力求准确、朴实，避免浮华。

2. 收集整理并装订实训资料

收集整理实训资料时，小组成员最好先分别整理，整理完毕后，每个人列出清单，小组间再校对清单，看实训成果有没有缺项，如果没有缺项，根据老师的分类要求，将实训资料进行归类。装订时，要按照要求左侧装订，同时要为实训成果设计一个封面。

六、实训成果汇编

实训结束后，将实训期间形成的文字材料、图片资料、影像资料等进行整理，并装订成册，形成实训成果汇编。实训成果汇编主要包括以下资料内容：

1. 课程学习总结；

2. 每次实训的文字、图片及影像资料；

3. 实训成果考核表。

七、实训考核方式和标准

1. 实训考核方式

实训任务完成后，学生必须参加实训成果汇报，汇报后，先由学生互评，接着由教师进行点评，最后教师根据学生实训任务完成情况，并结合学生成果汇报时的表现综合评分。

2. 评分标准

项目	分值比例（%）	评分要点
文字材料	40	格式正确，结构完整，条理清晰，排版符合规范
实训态度	20	工作主动，参与积极
小组协作情况	20	组内优化方案质量高，团体合作精神好，合作能力强
形象分	10	角色扮演准确，举止得体，语言清晰，富有感染力
成果汇报的表现	10	语言表达流利、表述准确，PPT 制作美观大方